深圳
创业新锐
40人

林　祥◎主编

西南财经大学出版社

中国·成都

图书在版编目(CIP)数据

深圳创业新锐 40 人/林祥主编.—成都:西南财经大学出版社,2023.12
ISBN 978-7-5504-5264-0

Ⅰ.①深…　Ⅱ.①林…　Ⅲ.①企业家—生平事迹—深圳—现代
Ⅳ.①K825.38

中国国家版本馆 CIP 数据核字(2023)第 244000 号

深圳创业新锐 40 人

SHENZHEN CHUANGYE XINRUI 40 REN

林祥　主编

策划编辑:李特军　石晓东
责任编辑:李特军
责任校对:冯　雪
封面设计:墨创文化
责任印制:朱曼丽

出版发行	西南财经大学出版社(四川省成都市光华村街55号)
网　　址	http://cbs.swufe.edu.cn
电子邮件	bookcj@swufe.edu.cn
邮政编码	610074
电　　话	028-87353785
照　　排	四川胜翔数码印务设计有限公司
印　　刷	四川煤田地质制图印务有限责任公司
成品尺寸	170mm×240mm
印　　张	11.375
字　　数	178 千字
版　　次	2023 年 12 月第 1 版
印　　次	2023 年 12 月第 1 次印刷
书　　号	ISBN 978-7-5504-5264-0
定　　价	38.00 元

前　言

经过近两年的精心打磨，深圳市科学技术协会联合深圳商报社共同编辑出版的"科学精神引领创新创业系列科普图书"之一——《深圳创业新锐40人》终于和大家见面了。作品中的40人，经由深圳市科学技术协会和深圳商报社遴选，来自生物医药、新一代信息技术、人工智能、大数据、先进装备制造等科技领域，他们用创新和创业，把梦想变为现实。我们希望用出版《深圳创业新锐40人》这种方式，真实记录深圳一线创新创业者的成长和发展轨迹，刻画深圳科技工作者的形象风貌，希望用我们绵薄之力，助力广大创新创业者勇闯奋斗前路、勇攀科技高峰。

创新引领发展，科技赢得未来！

我们出版《深圳创业新锐40人》是为了培育创新文化、弘扬科学家精神。习近平总书记指出："科学成就离不开精神支撑。科学家精神是科技工作者在长期科学实践中积累的宝贵精神财富。"我们出版此书，就是为了推动在全社会形成尊重知识、崇尚创新、尊重人才、热爱科学、献身科学的浓厚氛围，激励深圳科技工作者不忘初心、牢记使命，继承和发扬老一辈科学家胸怀祖国、服务人民的爱国精神，在加快建设科技强国、实现高水平科技自立自强中展现深圳科技工作者的使命和担当。

我们出版《深圳创业新锐40人》是为了弘扬改革开放精神和特区精神。深圳有句独特的城市口号——"来了，就是深圳人"。我们广泛征集、深入挖掘以科技型中小微企业为主的深圳企业创始人的创业经历，希望通过40人的案例，展现深圳创新创业者敢闯、敢冒、敢试、敢为天下先的改革精神，展现深圳创新创业者奋发有为、只争朝夕的创业精神，展现深圳创新创业者追求卓越、崇尚成功、宽容失败的创新精神，通过一个个生动、鲜活的案例，解码深圳人创新创业的"基因"。

我们出版《深圳创业新锐40人》是为了激发科技工作者的创新热情

和创造活力。创新的事业呼唤创新的人才。深圳经济特区成立以来，科技事业取得了举世瞩目的成就，广大科技工作者拼搏奉献、勇攀高峰，书写了辉煌篇章，为深圳经济社会发展做出了卓越贡献。我们希望通过此书宣传优秀、鼓励先进、树立典范，进一步营造有利于人人皆可成才和青年人才脱颖而出的社会环境，激发各类人才创新活力，加快建设全球人才高地，为深圳下一个40年的接力赛跑出创新发展的加速度。

我们出版《深圳创业新锐40人》是为了打造全市广大科技工作者的精神家园。深圳市科学技术协会是市委市政府联系广大科技工作者的桥梁和纽带，是全市"科技工作者之家"。我们希望通过出版此书，在加强科技工作者思想政治引领、做好联系服务工作、推动创新驱动发展、提高全民科学素质、服务党和政府科学决策等方面展现新作为，进一步保持和增强科协组织的政治性、先进性、群众性，引领广大科技工作者面向世界科技前沿、面向经济主战场、面向国家重大需求、面向人民生命健康，肩负起时代赋予的重任，使深圳市科学技术协会真正成为有温度、可信赖的科技工作者之家。

当前，深圳进入了粤港澳大湾区、深圳先行示范区"双驱"驱动，深圳经济特区、深圳先行示范区"双区"叠加的黄金发展期，又迎来深圳综合改革试点、全面深化前海合作区改革开放"双改"示范的重大战略机遇，广大科技工作者责任重大、使命光荣！让我们更加紧密团结在以习近平同志为核心的党中央周围，勇于担当、攻坚克难，为深圳建设好中国特色社会主义先行示范区，创建社会主义现代化强国的城市范例，率先实现社会主义现代化做出新的更大贡献！

因为时间有限，书中难免会有疏漏之处，请各位读者批评指正。

深圳市科学技术协会党组书记、驻会副主席
林祥

目　录

深圳青铜剑科技股份有限公司董事长汪之涵：「双碳」行动中半导体赛道上的时代竞速者

《深圳商报》记者　王海荣

　　在国家提出的"碳达峰、碳中和"行动的推动下，新能源化和电气化成为重要的技术创新方向，高铁、新能源汽车、光伏和风力发电等领域都在不断刷新着人们对现代电力电子技术的认知。在每一个电力电子设备里，功率半导体器件都是最为关键的零部件。

　　早在十多年前，深圳青铜剑科技股份有限公司（以下简称"青铜剑科技"）董事长汪之涵便深刻意识到这一点，毅然选择功率半导体器件这一赛道，秉持青铜匠"芯"，致力于突破关键技术瓶颈，为实现国产芯片产业的崛起书写了一份优异的答卷。

铸造科技利剑的创业梦

1999 年，汪之涵从深圳中学毕业后，考取了清华大学电气工程专业，之后赴英国剑桥大学攻读电力电子专业硕士、博士学位，并在剑桥大学开展博士后研究。

汪之涵在读博期间的研究方向是电力电子，当时中国在功率半导体领域长期存在"卡脖子"难题，关键核心器件一直被国外公司垄断，国产化率低，绝大多数芯片依靠进口，给中国高端制造业的发展带来了诸多限制。这一现状激发了汪之涵心底的创业梦。

2009 年，27 岁的汪之涵选择回国创业，成立深圳青铜剑科技股份有限公司。凭借深圳市政府为留学生提供的创业资金和天使投资人的数百万元投资款，汪之涵一头扎进创业的热潮中。

"选择深圳一方面是因为我从小在深圳长大，对这座城市有感情，但更重要的原因在于深圳有着浓郁的创新创业氛围。"

选定赛道后，汪之涵开始将研究所学用于生产研发。"最初就是抱着填补空白，为中国争口气的想法。盯着国外在功率半导体上做得不错的地方，做进口替代的事情，一步步提高该领域核心器件的国产化水平，然后形成自己的创新方向，逐步从跟跑发展到并跑。"

创业以来，汪之涵带领团队在电力电子器件领域主持了十多个国家级、省级、市级科技项目。

2012 年，青铜剑科技成功研发了大功率绝缘栅双极型晶体管（Insulate-Gate Bipolar Transistor，IGBT）驱动模块等系列产品，一举打破国外技术垄断。之后，该研究成果陆续推向市场，在一定程度上扭转了中国在功率半导体芯片领域依赖进口的被动局面。

"IGBT 驱动通过弱电控制强电，对电能进行高效控制。以高铁为例，机车的牵引设备和车厢内的各种用电设备，都离不开 IGBT 驱动模块。"汪之涵告诉记者，由于电网、高铁、新能源汽车等应用领域对可靠性的要求极高，因此对这些产品的测试过程十分严苛，需要经历长期运行测试才算合格。

正如"青铜剑"这一名字背后的寓意，它的一头是中国知名学府清华大学，另一头是英国知名学府剑桥大学，都是汪之涵当初求学的驿站，与此同时，青铜剑也被视为冷兵器时代的科技结晶之一。汪之涵希望在未来的信息社会，也能够铸造出这样一把在现代科技发展中发挥重要作用的"青铜剑"。

多年"铸剑"贡献"中国智造"力量

经过多年的"铸剑"，汪之涵已不满足于进口替代，他开始谋划推动公司实现高质量发展。"突破核心技术瓶颈，不断突破创新，关键还是在于人才。"为此，汪之涵求贤若渴，四处招兵买马，组建了一支以清华大学、剑桥大学、瑞典皇家理工学院、中国科学院等国内外知名高校及研究机构的十多位博士为核心的研发团队，获得了国内外百余项发明专利授权，并在 2020 年入选中国专利优秀奖。

"在攻破技术壁垒，实现跟随式创新后，与国外同行相比，能够提供本土化设计和解决方案也是我们的优势。长期的技术积累加上本土作战的主场优势，让我们能够在某些领域出现引领式创新。"汪之涵自豪地说。

如今的青铜剑科技集团，在瑞典、日本设有研发中心，已锻造出一把以功率器件驱动芯片和第三代半导体芯片为核心，为新能源、智能电网、电动汽车、轨道交通、节能环保等领域的数百家客户提供电力电子核心元器件产品和解决方案服务的"青铜剑"。

新材料催生引领式创新

"从瞄准'领跑'发力，到真正实现'领跑'，这条路还很漫长。"技术创新与迭代在汪之涵所处的芯片领域绝非易事，因此他一直坚持在如何将芯片设计得更合理、性能如何更优化、封装如何更科学、质量如何更过硬这条主赛道上不断打磨，脚踏实地，慢慢做出成绩。

为进一步占据电力电子元器件的制高点，青铜剑科技着眼于第三代半导体碳化硅功率器件的研发与产业化，并于 2016 年引进瑞典皇家理工学院和英国剑桥大学的海归团队与外籍专家，成立了子公司——深圳基本半导体有限公司。

据了解，碳化硅材料作为第三代半导体材料的代表，其耐高压、高频、高温的特性非常适合应用于功率器件。通过采用碳化硅功率器件，电力电子设备的功率密度可以大幅提升。

"目前国际上有个别企业已推出商业化的产品。国内在碳化硅衬底和外延领域已初步实现产业化，但是在碳化硅器件设计和制造工艺领域的产业化进度严重滞后。"

汪之涵介绍，公司的碳化硅功率器件技术已处于国内领先地位，并率先推出了通过车规级认证的碳化硅二极管、第一款通过工业级可靠性测试的碳化硅金属氧化物半导体场效应晶体管（Metal‐Oxide‐Semiconductor Field‐Effect Transistor，MOSFET）、第一款 1200V 750A 汽车级全碳化硅模块等产品。

2021 年 7 月底，4 辆搭载了该公司自主研制的第三代半导体功率模块的新能源车在广东省内启动路测。

汪之涵解释称，装载碳化硅功率模块的电机控制器，体积和重量可以减少 30%～50%，能源效率却能够提升 5%～10%，这意味着在电池容量相同的情况下，可以实现更长的续航里程。对于新能源汽车、高铁、船舶、家电等用电设备来说，这样的电机控制器更节能也更环保。

第三代半导体赛道的切入，让青铜剑科技成功与全球同行站在了同一起跑线上。汪之涵说："我们在这个领域深耕了很久，有信心跻身领域内的第一梯队。"

做芯片赛道的长跑者

位于坪山区丹梓大道与光科三路交会处西南角的青铜剑科技第三代半导体产业基地项目于 2021 年开始施工建设。

这个被列入深圳市 2021 年重大项目清单的项目，是深圳加快第三代半导体产业发展的重要布局。按照规划，这里将建设碳化硅功率器件研发实验室、车规级碳化硅功率模块封装产线、第三代半导体研发中心、中欧创新中心孵化器等。

此外，青铜剑科技位于南京的外延制造基地和无锡的汽车级碳化硅功率模块封装制造基地也正在建设中。

汪之涵认为，芯片赛道经过这么多年的发展，其发展模式已经非常成熟，如今比拼的是谁的设计更精巧，工艺更扎实。他表示，研发与制造要紧密结合，才能真正将产业培育成参天大树，并且需要沉住气、补短板，以工匠精神持续追求完美。

"就好像挖井一样，要深入挖掘，才能挖出甘泉。创业也不能左一榔头右一棒槌，浅尝辄止。看准了方向后，要有长跑的精神，坚持不懈地做下去。"

深圳云天励飞技术股份有限公司首席科学家王孝宇：未来的深圳就是一个智能体

《深圳商报》记者 陈姝 实习生 刘子霖

2014年，王孝宇参加一个硅谷经验交流会，深圳的创新氛围给他留下了深刻的印象，他也因此行与深圳云天励飞技术股份有限公司（原深圳云天励飞技术有限公司，以下简称"云天励飞"）结缘。3年后，王孝宇加入这家快速发展的人工智能（AI）公司任首席科学家，他希望用自己十几年的知识沉淀，让AI技术更好地在产业界落地。

3年多来，王孝宇带领云天励飞的AI技术团队，为一系列拳头产品提供核心技术力量。

2020 年，云天励飞发布"自进化城市智能体"。王孝宇说，希望能借助这一波 AI 发展的浪潮，朝着"未来城市"的目标快速迭代，而最有希望率先建成自进化城市智能体的就是深圳。

每一段经历都是在"创业"

王孝宇在人生每个阶段的选择都跟很多人不同。他说，自己不喜欢太过安逸，不停挑战、尝试不同的角色才是他追求的生活。

相比在一家大企业做一颗"螺丝钉"，王孝宇更加喜欢"从 0 到 1 建立起新东西"，这让他有足够的发挥空间，"也能够在整个过程中直面自己的弱点"。

计算机科学是应用科学，王孝宇觉得不能埋头"一辈子推公式"。做了 10 年的基础研究后，他希望将研究成果在具体的产品和应用上落地。2015 年，他离开硅谷，与时任谷歌（Google）中国中心总裁李佳在洛杉矶创立 Snap 人工智能研究院，并任计算机视觉领域主席。2017 年他来到深圳加入云天励飞，也是"想看看 AI 技术在产业界到底能怎么用"。

王孝宇认为，虽然角色不同，但是自己的每一段经历都是"创业"。他说："创业本质上是把你的技能或者知识转化成服务人民的一种生产力。"

技术不难，难的是落地

王孝宇加入云天励飞的时候，正是行业竞争愈发激烈的时候。作为公司的首席科学家，他表示一定要做面向产业的技术研究。

2017 年，云天励飞刚成立 3 年，当时公司 AI 技术团队规模还比较小，如何建立一支高效的研发团队，以及研发如何与产品、与销售之间配合，这些都是挑战。对王孝宇来说，技术本身不难，难的是如何将技术融入业务。

他告诉记者，云天励飞一直在探索创新业务，有些项目开始做的时候，业内连可成熟应用的算法都还没有，"我们是跟客户边交流边做算法，才把项目完美交付"，这让他很有成就感。

他举例说，2017 年，深圳巴士集团开始加速数字化转型，希望通过对乘客上下车地点进行分析，对巴士线路进行优化，但一直没有解决方案。在交流过程中，王孝宇提出，可以通过"头肩颈"识别算法和行人重识别（ReID）+技术，在充分保障个人隐私的前提下，对上下车门的图像数据进行比对分析，再融合车辆运营数据，从而确定车次、站点、线路的客流量数据。经过实际应用，云天励飞的交通起止点交通量（OD）分析系统——"深邃"分析系统的客流统计准确率达到行业领先水平。上线公交 OD 系统后，公交运营时间减少 20%，运营成本减少 30%。

3 年多来，王孝宇带领的 AI 技术团队，成为云天励飞诸多产品背后的核心技术力量，除了上面提到的"深邃"外，还有动态/静态人像系统"深目"、视频结构化系统"深视"、AI 社群服务系统"深迹"、多维大数据分析系统"2021 深海"、客群分析系统"商簿"、出入管理系统"商翎"等。在这些产品/系统的支持下，云天励飞成功参与建设深圳多区域智慧安防解决方案、深圳市疫情防控监测与数据分析平台、港珠澳大桥智能通关系统等公共设施或项目，并服务了博鳌亚洲论坛 2018 年年会、上海合作组织青岛峰会、中国国际进口博览会等国家级重大活动。

深圳有望率先建成城市智能体

作为打开第四次工业革命大门的钥匙，AI 已经成为各国未来竞争和发力的焦点。云天励飞董事长兼首席执行官（CEO）陈宁曾提出，应对挑战最核心的是加强自身的底层能力，中国必须率先突破通用 AI，建设自进化城市智能体。在 2020 年中国国际高新技术成果交易会（以下简称"高交会"）期间，云天励飞正式发布自进化城市智能体，它由"一张泛在、智能的感知网络，一个自学习、自进化的城市超脑，N 个 AI 赋能的智慧应用"（1+1+N）组成。

"未来的城市是由各种各样小的智能成分组成的，比如地下网管、天然气、水电、公交路线、建筑等，上面有一个大的智能总控，相当于为城市搭建了一个数字孪生系统。"王孝宇说。

"深圳是最有希望率先建成自进化城市智能体的城市。"王孝宇说。

现在在深圳，已经能看到许多智能体的雏形：比如新冠疫情期间，深圳搭建的疫情防控监测与数据分析平台接入了全深圳6 300多家药店的测温数据，形成"测温一张网"，还打通了近20个疫情相关数据系统，将原本需要几天时间才能完成的信息流转工作时间缩短到几秒；又如龙岗政务服务数据管理局打造的AI算法训练赋能平台，实现了AI在六大领域、31个应用场景，包括城市管理、安全生产等方面的应用，能够做到城市管理全天候自动化的智能分析和预警，实现一网统管。

王孝宇认为，目前业界做得较成熟的是浅层智能，也叫感知层智能。而一个自进化的城市智能体既有感知，也有认知，还能越来越多地自己去做决策，这才能带来生产效率的提升。他强调，"智慧城市"这一概念已经提出很多年，我们要抓住这一波AI发展的契机，往城市智能体的方向去发展。

深圳市海普洛斯生物科技有限公司联合创始人、首席技术官陈实富：

IT 赋能基因测序 战『疫』彰显侠义精神

《深圳商报》记者 刘娥

近日，记者走进陈实富办公室，一幅书法作品映入眼帘，朴拙、典雅的笔法凸显了上面八个字的庄重——"侠之大者，为国为民"。它是 2021 年 1 月陈实富带领一百人驰援河北石家庄战"疫"期间，当地一位书法家因受感动而挥毫赠予的。这句话原意是对武侠英雄郭靖刚正不阿、保家卫国、苦守襄阳数十载的赞扬。同时，它也是深圳市海普洛斯生物科技有限公司（以下简称"海普洛斯"）首席技术官陈实富的人生信条。

新冠疫情暴发时，聚焦肿瘤精准诊疗的深圳生物医药企业海普洛斯加入核酸检测大军。在一次次战"疫"中，陈实富不仅用专业技术为核酸检测提供重要支撑，还披挂上阵奋战在防疫一线。他和团队不仅成为深圳疫情防控的重要力量，还驰援全国各地，为守卫我们的家园做出积极贡献，诠释了一位新时代科学企业家的侠义精神。

IT（Information Technology）男跨界 BT（Biotechnology）领域

陈实富来自江西上饶，在本科期间学习数学专业，在硕士研究生期间主修计算机专业，在博士研究生期间主修生物信息学，工作领域却是精准医学，具有横跨理、工、医的交叉学科背景。2010 年，他进入全球知名的英伟达公司做软件和算法研究。2014 年，陈实富与从事生物医学研究的高中同学许明炎决心创立企业，以基因测序技术为核心，提供精准检测服务。

为什么选择深圳？陈实富告诉记者："深圳开放包容，不排外，营商环境好。深圳政府是'小政府大服务'，你创新拼搏，我做好服务，帮助企业去成长。虽然这里也充满了竞争，但我们不怕竞争，来这里就是要奋斗！"

"生物医药行业存在很多乱象，特别是资源型的小公司，可能没有很认真严谨地对患者进行最好的检测。"为了发挥基因检测应有的价值，助力精准找到更多肿瘤的基因突变并进行个性化治疗，公司将业务方向定为肿瘤精准医学。

目前，海普洛斯的产品及服务覆盖了健康人群及肿瘤的早、中、晚期患者。除了针对患者的检测服务外，基于公司强大的数据库，海普洛斯还和药企建立了多方位的合作，包括适应症人群筛选、疗效监测及新靶点开发等。

陈实富始终坚持公司要以患者的利益至上，他说："我们的价值是以患者为先，其次才是医生。我们还是目前行业里唯一一家可以提供原始数据的企业，一方面，我们认为患者有权利获得原始数据，以方便进行二次分析；另一方面，我们极度重视检测质量，完全有信心将最原始的数据交付给用户。"

用算法赋能基因测序

数据分析在基因检测中具有重要意义，为了让患者得到最有用的数据，陈实富还量身定做软件。

2015 年年底，一位大学生脖子后部长了一个肉瘤，并且已经转移到了腰椎等位置，生命垂危。该患者在别的企业做了基因检测，由于其使用的常规软件并没有分析出有用的信息，随后医生将数据交到了数据分析专家陈实富手中。陈实富看在眼里，急在心上，硬是花了 5 天时间定制了一款新软件。最后，基于该软件，在该肉瘤患者的基因检测过程中，竟然发现了类似肺癌的驱动基因突变。患者随后接受了肺癌靶向药物的治疗，疗效非常显著，肿瘤大幅缩小后通过手术得到了根治，这在医学领域非常罕见。正是因为有价值的数据分析，才能让患者使用有效的抗癌药物进行及时治疗。值得一提的是，目前该患者已经从一名医学生成长为一名救死扶伤的医生。

陈实富利用特长带领出一支优质高效、服务于基因数据分析的团队。目前，公司已自主开发出十几款相关软件（多数由陈实富亲自开发完成），用户遍布全世界，国内外超过半数的知名基因研究机构使用了海普洛斯开发的软件。由陈实富团队撰写的相关论文发表在知名学术期刊上，单篇论文在 3 年时间内被引用超过 2 000 次，引用率在所有论文中位于前万分之一的水平。

和一般软件开发团队不同，"海普洛斯的所有软件做完后立马开源，因为我们要尽快挽救更多生命。"陈实富说。至于是否担心开源后被超越，他说，"我们的软件质量高，并且掌握核心算法，就算别人使用它也超越不了海普洛斯。有技术、有情怀，才能形成口碑；同行都觉得你很棒，也会形成口碑，这有利于我们企业的推广，所以我们很愿意去分享"。

陈实富始终在思考如何通过互联网技术（IT）赋能生物技术（BT），不断解决患者的新问题。如今，海普洛斯不仅是一家业内领军的 BT 公司，也是一家优秀的 IT 公司。

值得一提的是，凭借综合科研成果，陈实富获得了 2019 年深圳市科学技术奖励青年科技奖，这是深圳市政府为奖励杰出的青年科技工作者专设的奖项。

首创核酸检测系统助力抗疫

新冠疫情暴发后，海普洛斯紧急成立新冠病毒检测应急研发小组，仅用了 7 天时间就成功研发出新冠病毒核酸检测试剂盒，并将其投入抗疫检测、复工检测中。作为深圳市省级重点防疫企业，深圳约三分之一的核酸检测由海普洛斯完成。

奔赴一个又一个战"疫"现场，陈实富团队的软件优势再次发挥。一开始，在核酸检测信息录入方面，不管是一线抗疫工作人员还是受检人，都需要手工录入信息，这样不仅效率低下，也容易导致疫情传播。2020 年 7 月，陈实富和团队耗时一个星期开发出相关小程序。这款小程序功能齐全、操作便捷，人们用 3 分钟便可学会操作步骤。用户可以自行填写信息，这不仅极大地降低了错误率，而且提高了检测效率。小程序投入当天，就采集到了 4 万多份用户信息，效率提高了 3 倍以上。这是全国最早的核酸检测系统，海普洛斯也因此成为全国第一个可以用手机完成核酸采样、转运、查询结果的企业。

这款小程序很快在全国推广开来。在海普洛斯的帮助下，佛山市顺德区使用上这一系统，在 2 天内完成 300 万次核酸检测信息录入。

"侠之大者，为国为民"

"侠之大者，为国为民；科技向善，实业为民。"这是陈实富的创新创业格言。他是一名不折不扣的武侠迷，不仅自己从小到大爱看武侠小说，也让孩子看。在他看来，武侠精神是中国文化的一部分，新时代也同样需要侠客精神。而他，也始终坚持侠客一般以天下苍生为重的价值观。

"每一个人从生到死，最重要的是你为社会带来什么价值。改变了一百万一千万人，你的价值就变大了。我们宁愿把利润降下来，也要把价值做上去。"谈及在企业创新方面的规划，他说，未来将继续以医学为导向，做好肿瘤全病程管理，不断探索创新，提高技术水平，保证产品质量，降低成本，服务更多人，让更多民众受益，创造更多社会价值。

陈实富认为，基因测序和精准医学是一个高价值行业，市场潜力巨大。不过，他也指出，行业科技属性强，容易出现一些忽悠人的现象。他强调："行业一定要以产品质量为核心，生命是最宝贵的，要以最高质量标准守护生命。"

作为一名科学企业家，陈实富注重在企业中弘扬科学精神。他说："我们做临床服务，科学精神很关键，在持续学习的同时，也要有怀疑精神，不盲从，用数据说话，以帮助患者为终极目标。"

在他看来，深圳是一个追求科学精神的城市。"这种城市精神给我们很大助力，推动我们去追求、创造更多价值。"据介绍，海普洛斯已连续100多次通过国家卫生健康委员会，以及美国、欧盟等医学实验室质量监管机构的测试。此外，在最近7年间，海普洛斯已经发表了70多篇论文，在把技术优化、产品落地的同时，持续攀登科学的高峰，为发现新的技术和实现新的临床应用而持续奋斗。

深圳南科新材科技有限公司执行总裁张至：

『人少』的路上才有不一样的风景

《深圳商报》记者 吴吉

2020 年 2 月 26 日，一辆大型货运卡车从南方科技大学的校园驶出，车上装有 60 万片防雾酒精湿巾和 2 万瓶防雾酒精喷剂。这批物资，被运往了当时抗击新冠疫情的主战场——湖北省。

时隔一年，回想起这一幕，深圳南科新材科技有限公司（以下简称"南科新材"）执行总裁张至依然十分激动："当时正值疫情最严重的时期，没有成型的生产设备、原材料短缺、防疫隔离缺少人力……但我们完成了不可能完成的任务！"

火速研发产品，火线驰援一线，这就像张至创业之路的一个缩影——认定的事情马上去做，从不等待，无所畏惧。

敢与时间赛跑，3 天研发新产品

2020 年年初，新冠疫情来势汹汹。为争分夺秒地抗击疫情，一线医护人员经常长时间无法更换防护装备，护目镜上布满雾气，这不仅会影响医护人员救治病人，也会使他们自身健康受到威胁。得知这一情况，张至立即联想到了自己公司的除雾产品。张至及其团队研发的防雾消毒湿巾中含有特殊的安全无毒纳米材料，用其擦拭护目镜后，能在镜片等表面形成一层持久的透明亲水保护膜。这层保护膜会减小水滴表面张力，使小水滴形成水膜，大大降低光线被散射的可能性，从而消除雾气。同时，湿巾采用了 75% 酒精作为溶剂成分，对细菌病毒的有机结构有极强的破坏作用，使之可以有效灭活病毒、细菌等。

一开始，张至将护目镜防雾酒精湿巾产品捐赠给南方科技大学第二附属医院（深圳市第三人民医院）。一线医护工作人员反馈，该湿巾的使用效果非常好。随后，团队结合抗疫一线的实际需求情况，又在湿巾产品的基础上，研发出喷剂产品，并决定火速驰援湖北。

任务紧急，条件十分有限，该不该扛起这个重担？张至说，关键时刻是南方科技大学材料科学与工程系副教授孙大陟给了他莫大的支持。孙老师不仅是张至的大学导师，还是他公司的合伙人。"当时已到凌晨，我和孙老师只有很短的时间来决定要不要做这件事情。我们在这个过程中有争执、有讨论，但最终决定一定要完成这个任务。最让我感动的是，决定之后，孙老师扛下了主要的压力，给予我充分的信任，让我按照自己的计划去实施。在冲刺阶段，他甚至亲自到了生产一线，成了罐装线的效率冠军。"经过 3 天不眠不休的科学攻关和紧急生产后，他们捐赠的物资带着深圳沉甸甸的情谊奔向了湖北。

公司渐入佳境，科研仍是梦想阶梯

经过抗疫一线的"检验"，张至团队研发的护目镜防雾酒精湿巾、喷雾得到了医护人员的肯定。他表示，产品已经投入量产，疫情常态化管控后，医院、疾控中心、街道办隔离点等都定期向他们采购这款产品。

在此基础上，2020 年 6 月起，南科新材丰富了民用防雾系列产品，推出了适用于不同场景的防雾镜布、防雾湿巾、防雾喷剂等。"像针对日常眼镜起雾的问题，我们有可保证一天防雾效果的清洁镜布和擦镜纸，还有针对汽车的防雾湿巾和贴膜等。除了这类终端消费品，我们还针对日常的其他使用场景，如监控摄像头、无人机等开发了防雾涂层、防雾膜等产品。"张至说，经过几年的技术开发积累，公司产品越来越丰富，目前已有两个代表产品分别获得了中国产学研合作促进会以及中国科学技术协会的奖项。

公司发展渐入佳境，张至本人也入选了"2020 福布斯中国 30 岁以下精英榜"，1995 年出生的他成为榜单上科技类别里的年轻企业家。尽管如此，他还是希望自己在"企业家"的身份之外，拥有"科研人"的标签。"科研是我一直要坚持的。虽然现在作为公司的管理者，每天的工作很充实繁忙，但科研工作可以让我静下心来思考，并且让我保持对科学前沿的敏感性。目前，我也参与了公司正在研发的防雾涂层和防雾膜的技术开发。"张至说，南科新材的目标，是"做国内材料表面处理技术的领军企业"，而要想实现这个目标，科研是必经之路。

勇于挑战自我，只因时刻有梦指引

"总理好！我叫张至，是南方科技大学的毕业生，也是一名'95 后'创业者……"2020 年 10 月 15 日，2020 年全国大众创业、万众创新活动周（简称"双创周"）启动，张至的创业项目入选重点项目。在启动仪式上，他作为唯一的大学生创业者和科技创业者代表，与时任总理李克强连线交流。

走到这令人艳羡的"C 位①"，张至用了 4 年。

"2016 年，我刚刚成立公司的时候，参加了深圳"双创周"，当时只

---

① C 位指核心位置。

有外场展台，与主会场完全隔断开，观众也不多；2018年成都"双创周"，我们的项目成了入选主会场的300余个项目之一；而到了2020年，我们的项目从全国省部级单位推荐的3 000多个项目中脱颖而出，进入最终的3个项目，与李克强（国务院原总理）在双创周启动仪式连线。"张至说，实现梦想的每一步都走得艰辛又坚定。从一个理科生转变为企业家，张至经历了痛苦的转型期。创业初期的点点滴滴，都需要他亲力亲为。为打造办公场地，他甚至学会了画图、设计，跑建材厂、家具厂……科技企业还要面对漫长的产品孵化期，在这个蛰伏的过程中，张至说他最大的收获就是两个字——坚持。

从高考时选择了"零起点"的南方科技大学，到毕业后眼看大多数同学出国深造，而自己毅然选择创业，张至似乎一直在选择"少数人走的路"。这条路固然崎岖、坎坷，但能看到旁人看不到的风景。"是的，敢于想、敢于尝试是我做事的一个特点。因为我非常清楚自己想要的是什么，我只是把自己认定的事情坚持着做了下来。"

那么，张至坚定地想要的到底是什么？他坚定地说："是将科技成果真正地投入应用，被社会接受和认可。如果能做到这一点，甚至推动行业一点点的进步，带来的满足感是无与伦比的，可能胜过任何一种物质形式上的嘉奖，而这也是鞭策和激励着我不断坚持、持续深耕的动力所在。"

深圳市盛路物联通讯技术有限公司董事长兼首席科学家杜光东：

创业选深圳 专注织一『网』

《深圳商报》记者 刘娥 通讯员 易维平

如今行走在华强北商业步行街，市民会发现多了一道特殊的风景，那就是"多功能智慧杆"，它的出现标志着全国第一个"完全国产化、全域立体感知网"正式落地深圳。

这一项目出自深圳市盛路物联通讯技术有限公司董事长兼首席科学家杜光东教授之手，他被认为是"中国物联网第一人"。在接受记者采访时，杜光东表示，自己20多年来忙于"织网"，最终研发出完全具备自主知识产权的物联网技术动态加密空间密集覆盖蚁群规则（DDA）。

核心技术要掌握在手

1995 年，杜光东从西安电子科技大学通信专业博士毕业，成为中国电子通信领域首批 4 位博士之一。当时还在西安电子科技大学实验室醉心于科研的杜光东，收到了一堆国际通信巨头的录用通知（offer），但他清醒地认识到，在当时的形势下，如果想完成独立自主发明，创业也许是一条最好的发展之路。

"深圳具有最浓郁的科技氛围、最具亲和力的人文气息以及最具关怀的行政制度。"在去了当时好几个具备创新氛围的城市后，杜光东最终决定在深圳创业。他对记者说："深圳这座年轻的城市，户籍、档案以及公司注册等政策良好，对我们这些自主创业者帮助非常大，让我们这些'书生'能够顺利创业。"

这让刚出来创业的杜光东决心坚持自主创新。彼时，杜光东创立的公司应用语音识别和双音频等创新技术，做出了当年令人耳目一新的"人工智能电话"。不过在产品量产时，由于国外对中国高科技的限制，他们购买不到高端芯片，只能重改设计，减少功能，将产品调整为"用电话按键语音导航"。虽然产品也算热卖，但这让杜光东深刻认识到，真正有竞争力的产品"一定要将核心技术掌握在手"。

20 年来忙"织网"

1998 年，杜光东的科研方向有了新的转向——"传感器组网"。

那年，经过深圳市推荐，杜光东入围参与国家高技术研究发展计划（以下简称"863 计划"）信息领域专家组工作。在一次出国交流中，他接触到"传感器组网"，并认识到"万物互联将是国家未来发展战略"，他由此看到未来研究的重要方向。回国后，代表团将情况汇报后，国家成立了 863 计划数字化总体组，杜光东成为关键技术与产品总体组副组长，负责牵头组织全国范围内科研力量对传感器组网进行研究。

2005 年，杜光东的科研方向有了新的聚焦——物联网。彼时，国际电信联盟（ITU）在报告中正式提出了"物联网"概念。什么是物联网？

杜光东认为："当前互联网保证了'人与人'的连接，而'人与物''物与物'的连接需要物联网，并且还有很长的路要走。当前大多物联网仍然是'智能硬件+互联网'的模式，前端智能硬件通过互联网接入数据平台，严格意义上讲并非物联网，而应该叫'互联网+'更准确，我们致力于带动同行一起打造真正的'物联网'。"

"未来物联网肯定是趋势，是科技领域毫无疑问的 C 位，物联网是物与物连接，安全等级远高于互联网，这个领域的核心科技必须掌握在国人手里，才能保证国家安全。"他说。

在这种爱国理念的驱动下，杜光东结合自身专业特点，在 2010 年组建团队，致力于国产通信协议的研究，完成了 700 多项国家专利、200 多项国际专利合作条约（PCT）专利申请和 300 多件国际、国内授权发明专利。其中，高价值专利 70 余件，捍卫了 DDA 这项国产物联网技术在行业中的坚实地位；同时在通信协议、数据平台、产品和场景应用方面，DDA 也形成了"端到端全场景解决方案"，成为国内首屈一指的物联网技术。

后来，杜光东还被评为 2011 年度"中国科学年度新闻人物"，成为深圳市科技进步奖二等奖获得者。

做"顶天立地"的科研

业内人士认为，杜光东发明的 DDA 技术是目前唯一国产的无线通信协议，有望成为国家物联网发展战略的关键技术之一。

为推广 DDA 技术应用，杜光东于 2017 年成立深圳市盛路物联通讯技术有限公司。目前，公司已依托这项技术在华强北完成了"多功能智慧杆"，走出了建设智慧城市基础设施全域感知网成功的第一步。

他的目标是要织就这样一张"网"：通过国产无线通信网 DDA 和各种传感器，将地下、地面、空中、土壤、水域、建筑物内等各个城市角落的物理数据变化和化学数据变化，通过多功能智慧杆汇聚到城市大脑，再通过数字孪生技术，实时对所有的数据进行记录、仿真、推演、危机溯源等，最终实现主动感知市民要求，主动提供城市服务，保障未来城市治理、居民生活、产业发展、生态环境等城市多要素和谐发展。目前，试点项目第一期已经完成，为深圳市持续发展增加了一个新的亮点。

"做'顶天立地'的科研。顶天，要接触国际科技最前沿；立地，必须结合中国实际。"这种为国创新的意志，支撑着他在 25 年的科研创新征程上敢为天下先，不论顺境逆境，始终能够保持乐观并勇于面对。

深圳光峰科技股份有限公司研发总监郭祖强：用科技之光创造美好生活

《深圳商报》记者　王海荣

"来深圳，一起用科技之光创造美好生活！"深圳光峰科技股份有限公司（以下简称"光峰科技"）研发总监郭祖强开启应届生校园招聘工作前，就想好了用这句话来吸引即将毕业的大学生。

回想多年前，彼时郭祖强还是清华大学电子与科学技术专业刚刚毕业的一名硕士研究生，读书期间他的研究方向是半导体照明，这让他对照明和显示技术产生了浓厚兴趣，从而立志于用科技之光改变人们的生活，多年来郭祖强一直走在点亮科技之光的路上！

爱钻研的科研工作者

在郭祖强身上，有着诸多标签："90后"、上市公司核心技术人员、南山区十大创新工匠、深圳市科学技术奖青年科技奖获得者、深圳市劳动模范……

2013年加入光峰科技后，郭祖强主要从事先进的激光荧光显示（ALPD）技术的产业化应用研发工作，既要做产品开发，又要进行技术预研，经常用各类新材料做实验，买器件做测试。郭祖强不断充电，如饥似渴地接触领域内的前沿论文和专利，对激光显示领域的创新有了越来越深刻的理解。

"技术研发的目的是推动实现生产、生活方式的升级，而不是将其束之高阁。激光显示的研发创新不能停留在实验室，要真正地把技术商业化落地。"

郭祖强解释说，激光已经发明了60多年，将激光应用于显示领域也早在30多年前就已经在探索，但受限于材料、效率显示效果以及居高不下的成本，激光显示一直没有用于实际的产品。光峰科技研发团队在创始人李屹博士的带领下，早在2007年就在全球首创了ALPD技术，通过蓝色激光激发荧光稀土材料获得高性价比红绿光，成本低于传统激光技术，具备产业化优势。

郭祖强传承了ALPD技术。作为公司核心业务激光光学引擎的研发负责人，郭祖强参与并主导了激光显示技术和产品开发的迭代，包括激光电视、激光放映机和激光商教投影三大系列光学引擎的开发和产业化。在众多市场应用中，激光电影放映市场的开拓最令郭祖强印象深刻。

2014年，国内首套ALPD激光电影放映设备落户深圳欢乐海岸中影IMAX[①]国际影城，郭祖强参加了首映式。

"我清楚地记得安装了我们设备的激光影厅播放的首部电影是《变形

① IMAX指巨幕电影。

金刚4：绝迹重生》，当天参加首映活动时，我还有点提心吊胆，对激光光源出来的效果有点没底。但当激光光源点亮的一刹那，我就知道我们对于它的所有期许已经实现。"激光光源的高亮度和长寿命改变了传统影院放映机的放映方式，光峰科技也据此首创影院租赁光源这一商业模式，对影院光源进行快速升级改造。

年轻的工匠

2016年，郭祖强负责主导开发业界首款万元以内的激光电视光源项目。在此之前，市场上的激光电视都是几万元一台。当首款9 999元售价的激光电视产品成功开发出来，在网上众筹时，不到2个小时，2 000个名额就被一抢而空。"这件事给我留下了深刻印象，一定要通过技术上的创新和突破，不断让产品成本降下来，才能推动创新技术更快大众化。"

郭祖强至今仍清晰地记得当年该项目在开发过程中的点点滴滴。为了优化光源，团队成员每天泡在实验室做测试。"刚开始的时候距离目标很远，大家用科学精神去优化每一个组件，一点一点做上去，实验结果不断优化，越来越接近设定的目标值，精益求精的工匠精神在整个过程中体现得淋漓尽致。"

2016年10月底，该激光电视项目进入了技术攻关的关键窗口期，刚设计出一套新方案的郭祖强没顾得上回家，一个人待在实验室里验证新想法。当符合指标要求的激光光束被成功点亮的瞬间，郭祖强心头的兴奋一下子被点燃了。"那种'做到了'的惊喜像极了当初求学时攻下一道难题的感觉。现在回过头看，做工匠就是要不断积累小进步，积累小创新，才能使技术不断优化，最终实现精益求精的目标。"

激光电视产品获得成功后，郭祖强又马不停蹄地带领团队开始了激光放映机光学引擎的攻关。2019年，光峰科技成功研发出了激光数字电影放映机C5，并通过了美国好莱坞数字电影倡导组织（DCI）认证，打破了国外企业一直以来对电影放映机的垄断，实现了中国数字电影放映关键设备零的突破。

在谈到光峰科技激光投影产品的优势时，郭祖强表示，ALPD激光荧光技术攻克了激光显示在性价比、寿命、效率和可靠性方面的技术难关，在亮度、寿命、分辨率、色域、能效 5 个核心性能方面可以超越任何一种传统光源的投影机产品，采用 ALPD 激光显示技术的投影产品具有色彩饱满、图像清晰、亮度持久、画面大，以及零维护、零辐射、零污染等特点，与传统的显示产品相比更加节能环保。ALPD 技术还解决了三色激光固有的散斑问题，在国内领域甚至全球，都是一项重大的突破。

专利达人

在光峰科技这个深耕激光显示领域的高科技企业，郭祖强的技术创新才能被迅速"引爆"。

工作至今，以其为主要完成人申请的专利共计 318 项，已授权专利69 项。他还作为研发核心成员参与了公司牵头承担/独立承担的多项国家级、省级、市级科技计划项目。2017 年，郭祖强作为核心成员参研的"超高亮度广色域激光影院光源技术"项目获得"第十届中国电影电视技术学会科技进步奖一等奖"殊荣。

翻开郭祖强的荣誉榜，他还获得过 2019 年度深圳市科学技术奖励（青年科技奖）、深圳市专利奖、南山区十大创新工匠等多项荣誉；2020年荣获深圳市劳动模范、广东专利金奖；2021 年获得广东杰出发明人荣誉。光峰科技的研发部门也由其最初加入时的不足 50 人，发展到现在的300 余人。

作为一名专利达人，郭祖强参与了一项国家重点研发计划。"参与单位有十余家，涉及显示领域的上下游机构，在'啃'下一个个代表国际前沿的技术指标时，也正好夯实了我国的激光显示生态链基础。"

理工男的人文思考

"未来是一个显示无处不在的世界，这也是我愿意在显示领域深耕的原动力。"郭祖强说。在他设想的未来世界中，激光显示技术的应用领域不断延伸，可以应用到家居、出行、通信和信息显示等各个领域中。不需要一块传统的物理属性屏幕，只要创造一个界面，就能投射出人们想要的影像。不断缩小的体积、不断提高的能效，也能让激光显示随身而动。

郭祖强补充道，数字时代显示领域的技术创新，不只是一种技术的打磨迭代，还应让显示成为一种艺术。显示就是将信息展示给人看，试想一下一群人坐在激光巨幕影厅里欣赏影片，看到喜剧片段而一起大笑，看到动情片段而一起感动，在五彩斑斓的光影流动间，你会感觉到在这个世界上你并不孤独，走出影院也会重新思考和审视自己的生活。这就是我们希望通过激光显示带给人们的全部意义。

深圳市兆威机电股份有限公司董事长李海周：

引领行业是兆威的使命

《深圳商报》记者 陈姝

从中国制造到中国"智造"，深圳市兆威机电股份有限公司（以下简称"兆威"）是这一进程的见证者和参与者。

从 20 世纪 90 年代开始创业，到 2020 年在深圳证券交易所（以下简称"深交所"）上市，兆威通过聚焦微型智能驱动系统产品，专注产品技术创新，积极开拓全球市场，从一家马达零部件生产厂，逐步成为微型智能传动系统行业世界领先的供应商之一。

兆威董事长李海周用一个"熬"字来总结这二十多年的心路历程，并笑言自己是"一条路走到黑"。"深圳给了兆威发展的土壤，我们选对了行业，就要坚持走下去。"他说，微型智能传动系统这个领域，现在还是"蓝海"，像兆威这样起步早、积累深的企业未来大有可为。

从"街边店"成长为行业标杆

勤奋好学、踏实肯干是李海周这一代深圳"奋斗者"的共同特质。1990 年来到深圳，在电子厂塑胶部做加料员时，李海周就是各个部门抢着要的员工。7 年后，李海周办厂创业，从零开始，带领"一个人、两台注塑机"的"街边店"发展成为微型智能传动系统行业的领军企业。

谈及早年在深圳的创业经历，李海周很谦虚地说自己是赶上了好时候。能敏锐地捕捉到市场的变化，并跳出舒适区，这考验了一个企业领袖的能力和魄力。

马达即电动机、发动机，是机电行业的关键部件。20 世纪 90 年代，国内相关产业开始起步，开了很多家马达厂。2000 年，处于全球领先地位的日本、欧洲机电企业大量开启本地化采购，带动了我国国内马达行业转型升级。2008 年前后，我国机电行业进一步朝着精密的方向突破。

对于市场的变化，李海周看得准、出手快：1997 年创业，2001 年正式成立兆威；2002 年就成为佳能、尼康、亚洲光学等企业的供应商；2005 年进军核心马达部件，与松下、三洋、三协、佳能合作生产精密、微小、超薄零件；2009 年，着手微型齿轮箱制造，2012 年进军微型齿轮传动系统领域，陆续进入了汽车、通信、智能家居、数码电子产品等领域，成了博世、华为、腾讯、美的、OPPO①等知名企业的供应商。

2019 年，兆威跻身深圳 500 强企业，2020 年排名提升至第 255 位。2015—2020 年，兆威营业额年均增长速度达到 30%。2020 年产值 12 亿元，纳税 1.08 亿元。2020 年 12 月，兆威在深交所中小板上市。

---

① OPPO 指 OPPO 广东移动通信有限公司。

提前"卡位"，别人才会选择你

微型智能传动是一个跨学科的行业，早年核心技术一直掌握在欧洲和日本企业手中，门槛高成为横在中国企业面前的一大难题。作为一家从传统马达制造起家的企业，兆威能在行业立足，靠的是聚焦主业和持续创新。

兆威在成立早期，很快就成为小有名气的马达配件供应商，但李海周并没有满足于现状，他开始研究如何才能制造出更加精密、微小的马达配件。2003年的上海微电机展，兆威展出了一款冲压卷圆边的产品，卷圆边的形状接近90度，这种成型工艺在当时相当特殊，引起日本某公司的兴趣，它向兆威伸出橄榄枝。让李海周没有想到的是，第一笔订单就让他碰了一鼻子的灰。因为产品不过关，李海周和团队每天从早到晚调试、打样、送样，客户不认可然后从头再来，如此反复多轮，才生产出让对方满意的产品。这笔订单成为兆威迈入精密马达制造领域的敲门砖，随后兆威成为松下、三洋等知名企业马达核心部件的供应商。

马达中的齿轮越小越难做，而兆威却能生产出质量过硬、毫米级的产品。2013年，李海周在展会上发现了这种用于医疗设备的微型齿轮，他意识到这样的微型精密产品未来会有市场，于是立即着手开发，前后花了一年多时间。产品研发成功后数年未能批量投产，直到2019年前后，升降摄像头成为智能手机的热门配置，兆威的产品一下子受到国内几家头部手机厂商的青睐，占据了近八成的市场份额。从2013年到2019年有近6年的空窗期，但李海周并不觉得时间被浪费，而是说，"在同行还在研发试验的时候，我们就有了成熟的产品。提前卡住了位置，别人才会选择你，所以兆威才充满了机会"。

兆威有很多客户来自欧洲，像博世这样精益求精的客户，对产品不仅仅停留在尺寸上的精确性，它们对性能、寿命的要求，更是远超业内平均水平。李海周说："一款产品从开发到生产就要几年，做出来还要经过不断的试验，经过多年努力，我们的制造水平可以说跟德国不相上下。"近年来，兆威已拿下业内多个大奖，特别是2019年12月获中国机械工业科学技术奖特等奖。

让行业进步是兆威的使命

从生产单一的马达产品，到为整个微型智能传动行业提供精密传动解决方案，兆威几乎踏准了从"中国制造"到"中国智造"的每一个节奏。如今，兆威重点聚焦在5G①商用、智慧医疗、人工智能、IoT②等领域，提供定制化服务。

"只要是会动的，都需要智能驱动。"李海周说，大到5G基站、汽车，小到智能终端的升降摄像头，在智能化的大趋势下，服务机器人长寿命低噪声传动系统、窗帘自动开关、垃圾桶自动感应、运动鞋自动绑带、VR③智能视觉、胰岛素智能注射……这些都是兆威的商机。二十多年的打拼和积累，让兆威在这个行业深深地扎下了根，这成为公司最核心的竞争力。

李海周说，深圳给了兆威发展壮大的土壤和机会。"我们在深圳的这23年中，每隔几年就会搬一次家，从最早的市中心向城市周边发展。"他说，这是企业规模在逐年扩大，也是适应深圳制造业转型升级的需要。"深圳机会多、创新环境好、产业链完整，所以像兆威这样土生土长的企业才能不断发展壮大。"

对于行业未来的发展，李海周很乐观。"微型智能传动行业的业绩每年都在增长。"他说，对于兆威来说，要做的就是坚持，"企业每一个阶段都很艰难，很多人失败是因为有太多选择，半途而废，兆威没得选择，只能一步一个脚印地走，一关一关地过，说白了都是坚持的力量。"

兆威的墙上写着李海周的愿景和使命：致力于微型驱动领域进步，共创智能美好生活。他说，希望兆威通过专注微型驱动领域的理论与技术研究，不断创新和突破，推动微型驱动产业及万物互联生态链的发展进步，实现多场景、高品质的科技智能生活，使人们的生活更加便捷、舒适、美好，这是远远高于"行业第一"的目标。李海周说："这就是兆威的使命。"

---

① 5G指第五代移动通信技术。
② IoT指物联网。
③ VR指虚拟现实技术。

深圳市迈步机器人科技有限公司 CEO 陈功：
不等式背后的创新梦——打造康复领域的机器雄兵

《深圳商报》记者 王海荣

"一项好技术不能停留在实验室，应该帮助有需要的人。今年公司顺利拿到了医疗器械的注册证，意味着我们研发的康复机器人可以正式上市销售。"2021年8月12日，坐在深圳市南山区简朴的办公室内，陈功难掩兴奋之情。

2016年，在新加坡国立大学神经技术研究中心从事博士后工作的陈功决定回国创业。如今，一个个承载他创业梦想的康复外骨骼机器人已经在30多家医院、高校及科研机构开展肢体康复训练。

不等式一：市场空白与万众创新

早在新加坡国立大学生物医学工程系攻读博士学位时，康复机器人领域巨大的市场需求就激发了陈功创业的念头。

"康复机器人系统的研究和应用在国际上发展很快，欧美等发达国家出台了完善的配套政策，支持利用机器人开展康复训练。当时国内在这方面还是一片空白。"

彼时，大众创业、万众创新在神州大地风起云涌，深圳是其中的风暴眼。

"尤为关键的是，这里有雄厚的医疗器械、电子信息产业资源，创投机构众多，还有务实的工程师文化和鼓励创新、宽容失败的双创文化。"在上海、杭州考察了一圈后，陈功选择了将深圳作为自己圆梦的基点。

2016年，位于软件产业基地的北斗+众创空间内一间拥有6个卡位的小办公室成了陈功创业的第一站。他与同在新加坡国立大学从事博士后工作的叶晶组成了创业搭档，后者主攻新型康复与移动机器人系统及微创机器人的研究。

两人给公司起了一个响亮的名字——迈步，这既是对其所研究的肢体康复训练的动作描绘，也蕴含了创业起步向前的内涵。

深圳市迈步机器人科技有限公司（以下简称"迈步"）成立的第三个月，就制作出康复机器人第一代原型机。通过参加南山区的创业之星创新大赛，迈步开始崭露头角，其展现的康复训练广阔蓝海引发了投资人的关注。

2017年，迈步搬到了深圳留学生创业园，办公面积扩大到180平方米，新加入的小伙伴也越来越多。

2年后，迈步实现了三连跳，搬进了深圳国家工程实验室大楼。这栋位于南山区粤海街道的大楼，是深圳培育和推动生物、新能源、互联网、物联网等产业发展的重要基地。

不等式二：硬机器与柔交互

智能康复体系是陈功聚焦的领域，通过机器人、物联网、大数据等技术提升康复医疗的效率和效果，并围绕其核心技术——基于柔性驱动器的机器人交互技术，研发医疗康复机器人产品。在该体系中的 C 位——外骨骼机器人的主要工作原理是通过足底压力传感器、关节角度传感器、陀螺仪等多个传感器，感知并判断患者运动意图，然后根据意图下达助力指令，精准及时地提供补偿力差和力反馈。每个环节的背后都需要机械设计、人体工程学、力度控制算法等技术作为底层技术支撑。

"这项基于柔性驱动器的机器人交互技术是我们的看家本领。"陈功介绍说，通过精确稳定的力控制，迈步实现了患者与机器人协作的主动训练模式，能够极大提升康复训练的效果。

"传统的刚性驱动器，人不能太靠近，本质上不能实现人机交互。基于柔性驱动器的机器人不仅算法柔性灵活，而且机器与人互动的舒适性有很大提升，机器人的力控制具备非常高的品质。"

目前，基于这一核心技术，迈步已经研发了下肢康复外骨骼机器人、助行机器人、手部康复外骨骼机器人等多款医疗康复机器人。套在患者对应位置后，它们能够按照设定的步长、步高、步速，进行单步或连续行走训练，能够替代传统医护的人工辅助。

"虽然现在康复机器人赛道不断有新进入者，甚至一些传统的工业机器人企业也开始布局。但我们的核心技术一直处于领先位置，即便是与国际同行竞争，也毫不逊色。"多年在海外从事新型机器人驱动器、人机交互控制领域的研究，再加上深圳的超强产业化能力，陈功在将前沿科研成果转化为康复机器人产品开发过程中具备突出的先行优势。

陈功的社交账号头像是一张登山的照片。那是几年前他在瑞士少女峰旅游时的留影，身后的山峰白雪皑皑。陈功说，虽然自己算不上一名登山爱好者，但站在峰顶看到绝美风光的感觉让他神往。

不等式三："抠门"与高投入

"我对自己还是挺'抠门'的。"喜欢穿运动衫的陈功经常骑自行车上下班，平时与同事出门拜访客户时，也多是选择乘坐地铁等公共交通，极少打车。

办公室的布置一目了然，除了墙上悬挂着一幅"迈步科技"的书法镜框和一个简洁的书柜，基本没有什么装饰物，办公桌椅也极为朴素。

可对于科研上的投入，陈功一点也毫不吝啬。

"招来足够优秀的人才，才能够在科研攻关上更硬气。"陈功说。

创业5年来，虽然还没有规模性的经营产出，但在研发上，迈步公司一直保持着高投入。目前，公司40多名员工中，一半以上是机械设计、运动控制的研发人员。

据统计，迈步已申请中国专利108项，授权48项。其中发明专利申请49项，实用新型专利申请54项，外观设计专利申请5项。公司还申请了国际发明PCT专利3项。此外，已授权软件著作权13项，为公司发展构筑了一条知识产权护城河。

不等式四：小机器人与康复大市场

在创业一周年时，陈功就与团队做出了产品化的样机，并召开了产品发布会。2018年，在市场拓展中，陈功遇到了拦路虎。

"做核心技术开发一直比较顺利，但在完善用户体验时我们碰到了很多困难，需要团队不断提高机器的舒适度，进行反复修改，这个过程非常磨人。"

创业就是一个不断成长的过程。从最初的技术达人，到推动科研成果从实验室变成产品的工程师，再到敏锐感知市场变化的产品经理，陈功的创业角色也在不断发生变化。对核心技术的坚守，也让公司完成了多轮融资，创投资本帮助陈功在康复机器人领域不断迈步。

目前，通过在医院及康复中心布局服务患者群体，迈步已与30多家医院、高校及科研机构建立了合作关系。小小的康复外骨骼机器人不仅解决了康复专业人才不足的问题，还能够辅助进行精准的康复训练，提升康复训练效率。对于脑中风类患者，机器人可以帮助其更好地完成恢复训练；对于脊髓损伤类患者，外骨骼助行机器人可以提升其呼吸、血液流通、新陈代谢等生理机能，降低相关并发症的发生概率。

此外，迈步还在加紧布局智能康复体系的建设，通过研发生产多种类型的外骨骼机器人，让机器人辅助的康复训练涵盖多个方面，并借助大数据与人工智能逐步建立与临床评价相对应的机器人评价体系，最终实现个性化、精准化、智能化康复训练。

陈功指出，三分靠治疗，七分靠康复。随着人口老龄化的加剧以及疾病结构的变化，近几年康复医疗需求呈现出爆发式增长。而我国现有综合医院康复中心、康复专科医院、设备、治疗师等存在大量缺口，这为康复机器人市场创造了巨大的增长空间。

易视智瞳科技（深圳）有限公司 CEO 黄卜夫：
香港创客六年实现三级跳

《深圳商报》记者 王海荣

2021 年 4 月 13 日，黄卜夫与从佛山赶来的客户一起商讨利用智能技术提升产线效率的一揽子解决方案。晚上 9 点多他才结束会议，回到深圳的家。

这距离他上次返回香港探望家人已有 14 个月。

黄卜夫是一名在深圳创业的香港创客。6 年前，他选择深圳华强北作为创业首站，创立了易视智瞳科技（深圳）有限公司（以下简称"易视智瞳"）并担任 CEO，专门从事工业视觉智能技术研发及产业化。

"我曾在不同地方考察，华强北是智能硬件和智能制造领域里不折不扣的乐园。如果缺个零件，我坐电梯到楼下的市场就可以轻松搞定这个问题。"

创业："机器换人"大潮让创业种子发芽

刚开始创业时，黄卜夫每天早上 7 点半从香港出发，9 点多就可以到达位于华强北赛格大厦 12 层的创客中心，那里有他与 12 名创业伙伴一起租下的 15 个办公位。

"我的办公桌靠近入口玻璃门边，编号是 21 号。"与其他孤身奋战的创客相比，黄卜夫的起步阶段并不寂寞，无论是团队建设，还是早期融资，都已经顺利落实。

创业之前，黄卜夫曾于 2003 年在香港中文大学攻读博士学位，主攻机械自动化。面对被国外巨头垄断的工业机器人，他萌生了依靠自主技术创新打破这一局面的念头。这个想法也激起了研究视觉系统控制的同学时曦的共鸣，两人经常凑到一起讨论工业智能化的未来趋势。在做实验的过程中，两人经常往返港深两地，在深圳华强北购买电子零配件，瞬息万变的市场信息在黄卜夫的心底埋下了创业的种子。

完成博士学业后，黄卜夫先后在两家香港公司工作，为创业打牢基础。

2014 年，作为我国制造业重镇的珠三角开始大规模推广使用机械臂，并出现了自动化程度很高的"无人工厂"。黄卜夫意识到，创业的时机已经成熟。经过一年多的准备，黄卜夫与时曦将专利和研究成果汇总，于 2015 年年底在深圳成立了易视智瞳。

"视觉感知与执行决策的实现，可以解决高端装备的复杂精密视控及工业场景的智能视觉检测，相当于为机器装上一双智能精准的眼睛，让工业自动化水平大大提高。"黄卜夫解释道。

创业最初的一年间，易视智瞳都处于技术和产品的酝酿阶段。直到 2017 年 3 月，易视智瞳的发展迎来了第一个重要节点，淘到了规模性发展的第一桶金。

点胶是电子制造领域里一道常见的工序，自动点胶机的背后包含视觉、运控、机械、电气等技术。作为手机屏幕生产领域的知名企业，蓝思科技原本使用国外的点胶设备生产显示屏、指纹模组。手机产品迭代，对生产工艺提出了新要求，旧设备已很难提高性能和指标。

当黄卜夫拿着拥有自主知识产权的解决方案参与测试时，一下子让产品的良品率从50%提升到95%，这引起了蓝思科技负责人的注意。双方签订合作协议后，易视智瞳研制的近百台点胶系统开始进入蓝思科技的手机屏幕、指纹模组产线。

转型：由技术创客变身产品人

2018年1月，易视智瞳从华强北搬到位于车公庙的创新科技广场，正是这一年，公司进入了一个艰难的转型期。

"我们原来的发展路径是偏重软件和核心模组，但这种模式走到创业第三年时已经遇到瓶颈。2018年下半年，我们决定要从模组切换到整机设备，并于当年在东莞虎门建立了生产基地。"

这个决定给黄卜夫的创业带来了巨大的挑战。

"整机的生产涉及场地物料管理、供应链建设、营销网络搭建，这对于我们这类技术型创客而言，就是一个空白。"

面对陌生的转型，黄卜夫如履薄冰，补了很多功课。作为一名纯技术出身的理工男，黄卜夫追求完美主义，总希望事情井井有条，但由于创业团队中缺乏生产型人才，最初的生产管理都是靠自己临时抱佛脚，转型过程一度令他焦头烂额。在经历了几个月的痛苦之后，黄卜夫遇到了一位拥有十余年经验的生产专才，最后是这位生产专才帮助公司完成生产链条的搭建。而黄卜夫也学会了调整工作习惯，变身为"技术+工程"的产品人。

2019年，易视智瞳的点胶设备进入华为P30手机生产线，该项目成为检验新工厂的试金石。

要实现给华为的窄边框手机完成点胶工序，就必须结合三维技术体系，让自动点胶机实现三维坐标定位。黄卜夫带领的团队凭借自有核心视觉控制技术，不断优化视觉算法，在三维（3D）多轴曲面点胶贴合技术领域实现了重大突破，一举打破国外设备的垄断。单片作业时间由 26 秒提升到 20 秒，实现了降本增效。

之后，易视智瞳开发的这套技术解决方案在其他头部手机生产企业中也得到了应用。

新起点：依托两大核心为智能制造赋能

2020 年突如其来的新冠疫情，打乱了黄卜夫的创业计划。面对陷入停顿的业务，他带领团队苦练内功，远程配合客户开展技术攻关，并主动切入手机产业链头部企业的前瞻性项目研究。

提前的技术储备，帮助黄卜夫的创业团队在有序复产过程中，能够针对客户提出的技术要求，快速拿出解决方案，并迅速开展业务合作。

2020 年 5 月，易视智瞳位于龙华大浪的生产装配基地正式投产。2022 年 10 月，公司研发总部也搬到了龙岗坂田的星河 WORLD①，6 年内实现了三级跳。

目前，易视智瞳已完成 B 轮近亿元融资，公司申请专利 78 项，授权 51 项。团队成员由最初的十余人，发展到近百人。主导研发的精密点胶、视觉检测等核心产品已批量应用于华为、欧菲光、蓝思科技等头部企业和广州市计量检测技术研究院等机构。

"2021 年我们将依托 3D 视觉精密点胶、工业视觉检测这两大核心点，进一步延伸业务路线，推动更多的自动化集成创新应用落地，助力中国智能制造业的发展。"黄卜夫说。

---

① 星河 WORLD 是集产业、商务、居住、教育、购物、休闲等多业态配套的产融联盟新城。

深圳市易售科技有限公司创始人易成能：连接数千万块屏后，发现风口来了

《深圳商报》记者 蒋荣耀

2021年春节，因为疫情留在北京过年的郭倩正准备刷门禁卡回公寓，突然门禁屏的画面出现了男友手捧鲜花的画面，鲜花旁的大红纸卡上写着："愿今年所有的遗憾是明年惊喜的铺垫。亲爱的，新年快乐！"

制造这一惊喜的除了她的男友，还有一家位于深圳的科技公司。深圳市易售科技有限公司（以下简称"易售"）和京喜控股（深圳）有限

公司共同策划的这场"送京喜"O2O① 告白活动，让不能回家过年的人们和亲人能够通过"视频送惊喜"来传递相思之情。

美国著名互联网专家凯文·凯利预言，从 2020 年开始的未来 10 年，是一个无处不在的屏时代。如今，分布在中国各大城市、各类场景的屏数量已经超过 10 亿张。有人说，未来的世界是"屏"的。

"5G 和物联网正在创造一个万物互联的世界。我们正在把无数零星分散的户外屏连接起来，打造一个全场景物联网屏媒平台。在我们的平台上，无论你是企业客户还是个人消费者，无论你希望将信息发布在大都市，还是小县城，坐在家里就能一键投放到全国各地的任何屏幕上。"易售创始人易成能在接受记者采访时这样告诉记者。

"我们正在连接数以亿计的屏"

记者探访位于南山的深圳湾科技园易售的办公室，第一眼看到的就是一块格外醒目的液晶显示器（LCD）大屏。

这个大屏显示易售在全国各地连接户外屏的数据。数据每时每刻都在变化，从刚开始连接的几千张屏，到 2021 年，这个数字已经接近 2 800 万张。

"2 800 万张屏是什么概念呢？"易成能这样向记者解释，"目前中国最大的梯媒公司只有 300 多万张屏，其中电子屏才 180 多万张，但这 300 万张屏能撑起千亿元市值。"

在物联网屏幕赛道，目前易售连接的屏资源数量稳居首位。易售提供的一份数据显示：在易售所连接的屏幕资源中，其写字楼点位是最大写字楼媒体单一供应商资源数的 3 倍，社区点位是最大社区媒体单一供应商资源数的 3 倍，车载导航屏占全国可投资源的 90% 以上，出租/网约车屏幕资源占全国可投资源的 60% 以上，公交车占全国可投资源的 50%以上，商圈发光二极管（LED）大屏覆盖所有一二线市场的主要商圈，超市点位覆盖全国 15% 的超市，便利店点位覆盖全国 54% 的便利店，酒

---

① O2O 指在线离线/线上到线下的商业模式。

深圳创业新锐40人

店屏资源数量占全国酒店总数的 43%。

易成能告诉记者，易售的目标是未来 3 年内连接屏数量超过 1 亿张，如果考虑物联网在未来 3 年跃进式发展，易售的电子屏数量还会跃升。

连接数以亿计的屏意义何在？易成能说："我们今天迎来了一个全面数字化和物联网化大幕开启的时代，2019 年中国物联网连接量达 45 亿，预计至 2025 年将增至 200 亿，中国物联网市场规模 2022 年预计将超 7 500 亿。可以说，我们已经进入互联网 3.0 时代，即物联网时代。"

同时，互联网和信息技术改变了满足消费者需求的方式，消费者将根据自己的需要随时随地完成和满足自己的需求。广告营销随时随需发生，营销场景集中化的高效投放就显得尤为重要。易售通过大数据和物联网技术连接线下屏媒、广告主和广告受众三方，全面、精准、高效开启了物联网广告投放的新模式。

尽管连接的屏多达数千万张，但易售的员工还不足 70 人，且团队半数员工都是研发人员，不像传统的户外媒体那样需要成千上万的员工来管理。易售的秘诀就是将户外屏媒互联网化，最大化节省人力。

"无意中做了个物联网广告平台"

易成能现场向记者演示了如何方便地向户外屏发布信息：手机现场拍了一张照片，上传到系统，进行信息安全审查，审核完成点击确认，办公室的所有屏马上显示出刚刚发布的照片。

"如果你愿意，可以选择任何地点周边 3 千米或 5 千米的所有户外电子屏，让这些屏都发布你的信息。你想让多大范围多少屏在什么时间显示同一张照片，显示多长时间，都随你，只要你选了，我们都能一键搞定。"易成能说得很轻松。

但为了这轻松的"一键"搞定，易成能在 5 年前就出发了。

2016 年 8 月，易成能和他的小伙伴放弃百万年薪的职位，离开腾讯、阿里巴巴、京东等互联网巨头，下海创业。易成能说，刚开始他们想得很简单，觉得只需要做一个系统，把所有零散的户外电子屏连接进来，一键式投放不是很容易就做到了吗？

一个资深码农团队搭建这样的系统并不太难。易成能带着小伙伴们日夜奋战，到2016年11月底，这个投放系统就做出来了。他们给这个系统取了个名字，叫"屏效宝"。

屏效宝搭建完成，但一键式投放问题并没有被解决。问题出在媒体端：户外电子屏各式各样，千差万别，有小区门禁，有KTV①屏，有自动售卖机屏，还有车载屏。应用场景不同，制式各异，大小不一，而且接口、驱动都是非标准化的。要让这些千差万别的屏幕自动播放、自动停止，播多长时间，播多少次，中间间歇时长多少，播完之后应该计多少费用……所有这一切，都必须数字控制，实现自动化、智能化。

对于码农出身的创业团队，他们开始明白这已不是写代码能解决的事了。只有解决底层的工程问题，才能将屏真正连接起来。于是，易成能带着团队一家一家工厂地跑，一家一家媒体地谈。"我们直接下沉到工厂，从物理层面、工程层面介入，等到这些屏出厂的时候，我们已经解决了它底层的播放控制问题，有些电子屏出厂就带有我们的播控系统。"

易成能给他的媒体播放控制系统取名"易信发"。易信发能够解决各种户外电子屏的播控管理问题：什么时候播？什么时候停？间隔时间多长？一共播了多少次？如何计费？等等。

易成能和他的团队不停地对易信发系统进行优化迭代，每天都有新的问题反馈，经常都会有小的优化和升级。无数次优化迭代，让易信发的用户体验越来越好。到目前为止，一些知名品牌如每日鲜优、汇通达、京东便利店等，都在用易信发来管理它们的电子屏设备。

"随着5G应用的深入发展，屏会越来越多，需要易信发的应用也会越来越多。"易成能说，5年前物联网的概念还很模糊，随着5G时代的到来，物联网的应用已经近在眼前了。

易成能把物联网商业价值理解为四个层级：一是链接层，物物连接；二是感知层，通过传感器，让物物感知，并获取感知数据；三是管理层，利用一个平台，将接入平台之中的物管理起来；四是应用层，就是在物

---

① KTV指提供卡拉OK影音设备与视唱空间的场所。

联网平台上开发一个个具体的应用。

"实话说，我最初只是想解决广告投放系统屏效宝延伸出来的问题，却无意中做成了个物联网管理平台。"易成能说。

"世界是'屏'的，我们是管屏的"

易成能认为："自从有互联网以来，人类一共经历过三块屏。第一块屏是个人计算机（PC）屏，互联网连接个人电脑；第二块屏是手机屏，移动互联网连接手机；现在进入物联网时代，第三块屏——户外屏连接的时代已经到来。"而易成能工作以来，一直战斗在这三块屏的现场。

2004年，易成能从华中科技大学毕业。作为一名计算机专业毕业的"80后"，他的第一份工作是为500. com网络公司做技术开发，同时创立了中国驴友网。500. com网络公司后来在美国纳斯达克上市，而中国驴友网在中国驴友圈中具有较好的口碑。易成能后来又成了京东的员工。BATJ① 四大巨头，他有在其中三家工作过的经历。

互联网时代本质上就是做流量。在易成能看来，户外屏的流量是客观存在的，过去因为太分散，管理起来成本太高，除掉少部分大屏有开发价值外，大部分长尾没有什么价值。但现在不一样了，利用物联网技术，将分散存在的流量归口到一个平台上，实现低成本管理，这个长尾就有了开发价值，甚至是惊人的开发价值。所以易成能还经常这样说："世界是'屏'的，我们是管屏的。"

易售管的屏，从城市分布看已经覆盖全国400多座城市，其中一二线城市设备总数超过1 500万块，三线及以下城市屏设备总数超过1 100万块。如果按照点位计算，华东地区超过600万个点位，华南地区超过350万个，华北地区超过300万个，华中地区和西北地区都超过200万个。

如今，易售打造出全线下场景的"流"媒体覆盖。我们可以想象，当一个人早上起床后，家里的智能冰箱、跑步机、饮水机和电视等屏幕就可以为你提供精准的服务信息；出门上班的路上，你可能会接触公交

---

① BATJ指百度（Baidu）、阿里巴巴（Alibaba）、腾讯（Tencent）、京东（JD）。

移动电视屏、公交站台电子屏、地铁购票屏、车载导航屏、出租车后座屏、出租车计价屏；走进写字楼，你会经过电梯等候厅屏、电梯投影屏、电梯按钮屏、轿厢屏、办公室饮水机屏、自动售卖机屏；吃午餐时，会注意到餐厅桌面屏、餐厅包厢电视屏、便利店收银机屏；下班后，会有KTV屏、人脸识别支付屏、电影院海报屏、电影院购票机屏、网吧电脑屏等；回家时，你会用到门禁屏、快递柜屏、共享充电桩屏。

"易售让广告有了很多新玩法"

物联网广告能够基于多种维度，打造各种精细化的场景运用。

易成能给记者展示的案例包括：一个男孩购买了宿舍前的一块电子屏，设计了一张海报以向室友表达生日快乐。这样的广告，在易售平台上就像在淘宝上购物那样，把那块电子屏的某个时间段选到购物车，只用支付几十块钱，就能轻松完成。

当各种屏插上物联网的翅膀，每一个地方每一块屏的每一个时段，都可以放到网上，明码标价售卖，如同淘宝网上的商品，直接实现电商化。

易成能还向记者谈起他们最近做的一个粉丝为明星应援的案例：为了庆祝某部电视剧上线一周年，粉丝们为明星应援，一天之内有数万粉丝在网上买屏买时段，为明星登广告点赞。从后台的数据看，有的粉丝花了几十元，有的花了上千元，购买不同位置不同时段的电子屏。这种新生代花式应援的方式，给易成能一个灵感，他迅速开发了针对消费者（C）端用户的应用"投个屏"，并在公司内专门设置"投个屏"部门，负责新生代在广告传播、为明星应援、朋友社交等方面的需求。

"撑起阿里巴巴的不是哪个大电商，而是无数个中小商户；撑起腾讯的也不是哪个广告巨头，而是无数个只会付一两块钱的用户。互联网的奇妙之处就在于长尾。"易成能说。

但是这并不意味易售的营销和技术模式是拒斥大客户、大商家的。事实上，2018年京东"6·18"大促就选择了易售平台，因为易售超过300种的场景、数以千万计的屏资源、一键式的投放效率，能够帮助京东实现大促宣传的规模化、场景化和聚焦化，支持线下海量曝光。之后每年的"6·18"和"双11"大促，京东都使用易售平台，投放量逐年加大。

天猫也携手易售整合全国 KTV 媒体资源，针对年轻的消费群体进行精准传播。易售平台在短短一周内就可以覆盖全国 28 个一线及省会城市线下支付场景，覆盖数十万张屏，传播流量达到数千万人次。

易售的优势在于拥有海量的屏资源后，实际上可以对各种资源进行整合，不同场景和类型的屏又重新组合出新的媒体，实现多维度、精细化的场景运用。比如，易售开发的城市全场景"风暴"投放包，可以涵盖电梯、出租车、快递柜、充电宝、影院、收银机、车站等 36 种资源，完成 1 000 万次的展示。而以社区生活场景为主题的物联网广告传播，也可以组合家庭、电梯、社区公共空间和周边的场景，包括智能冰箱屏、电梯内屏、电梯间屏、门禁屏、快递柜屏、美发店镜面屏和便利店收银机屏等各种屏媒体进行组合投放。

在实现更加精细化的场景传播方面，易售的技术平台依靠的不只是精准确定地理位置、受众群体等基础性要素，还有海量的、完善的屏媒标签数据。全开放的投放规则、智能化的线下投放，使得场景化线下传播已达到目前的最高水平。

易售投放平台的智能化体现在哪里呢？易售投放平台汇聚了海量媒体数据，能够实现智能查询，上万点位的筛选只需要数秒就可以完成；易售连接的每一张屏的标签都包含城市、地标、场景、媒体形式等信息，助力实现跨地域、跨场景、跨媒体的精准投放；支持按千次曝光或传统排气方式购买，实现投放方式的灵活与高效。

以投放速度为例，传统的广告投放准备期至少需要 3~5 天，还容易出现错刊漏刊的情况；而易售平台通过自动化云端播控，在广告素材上传并审核后即可马上播出，也杜绝了人为的错漏。

易售对屏媒投放还能实行效果监测，平台连接的屏媒终端可回传广告曝光数据，可迅速统计曝光数据。易售还与秒针联手，在智能播控平台中植入第三方监测代码，真实客观反馈每一台终端的发布执行数据，有效避免漏播、少播。

"我们就是幸运地搭上了物联网列车"

"实话说，我们能在物联网屏媒广告赛道跑出这样的成绩，要感谢5G和物联网。"易成能说，没有物联网新技术，没有广泛的户外屏的线上化连接，易售很难如此快速发展壮大。

物联网就是万物互联的时代，而万物互联需要屏幕作为人与物的互联界面，这就是为什么我们今天突然会发现，无论智能汽车还是冰箱，饮水机还是门禁，配一块屏一定是标配。可以说，一切智能物件都有屏。

这成了易售的发展风口，加速了易售的发展。2016年，易成能和创业伙伴一起筹集资金开始创业，不到2年就收到第一笔风险资本（VC）融资，当时易售连接的屏只有40万张。

"2019年我们连接屏数达到200多万张时，就开始盈利了。"易成能告诉记者，2020年，易售又做了一轮融资，连接屏的数量也有了10倍的跃升。

如何定义易售，它是一家广告公司吗？对于记者的提问，易成能说："现在，我们团队对于易售的定位就是全场景物联网广告智能投放平台，智能投放是技术，全场景是特色，也可以说是优势，物联网广告则是我们服务的内容。易售的收入虽然主要源于广告，但易售出售的还是技术。从资产的角度来看，易售最值钱的资产是为广告主、媒体主提供服务时产生的数据，比如，各个屏的位置数据、流量数据、广告效果数据等。未来，这些数据才是最值钱的。"

易成能非常看重自己易售的科技基因。他的早期团队成员，基本上都是从腾讯和京东辞职出来的人才。现在的核心骨干团队，也都是从腾讯、阿里、京东、华为出来的技术干才。

易成能带着这支主要由理工男组成的团队，不仅获得资本的青睐，还在短短几年获得了不少荣誉：2018年12月，易售荣获腾讯众创空间新锐科技企业奖；2019年荣获第十一届广告主峰会金远奖"最具发展潜力的物联网广告平台"称号；2019年11月荣获中国高交会最佳创新科技项目奖；2021年5月荣获第十三届广告主峰会金远奖；2021年6月荣获第十八届中国户外传播大会金场景营销案例银奖……

易成能认为，易售跑得快，就是因为有幸搭上物联网这列时代的火车，而这列火车刚好正在加速。"我想，我们现在正处在'物联网+广告'的风口上，这是机遇，也给我们紧迫感。"

如今，易成能和他的小伙伴们一直在为两件大事努力：一件是上市，另一件是出海。易成能计划在公司成立7~8年的时候上市，他认为以公司目前的发展速度，再加上5G和物联网发展的大环境，实现上市目标不是问题。在海外业务拓展方面，易售已经在欧洲和东南亚开始布局。虽然总体规模不大，但是易成能有信心可以把海外市场的蛋糕做得更大。

深圳市绿色低碳科技促进会会长李媛媛：我从未怀疑低碳发展方向

《深圳商报》记者 刘娥

"什么低碳？摆地摊的吧！" 2010 年，李媛媛创建了全国首家低碳行业协会——深圳市绿色低碳科技促进会（以下简称"协会"），并到北京参加展会传播绿色科技。不过那时，很多人对"低碳"这个词还很陌生。如今，绿色低碳观念已深入人心，实现碳中和也成了国家顶层设计，深圳也已成为国家首批低碳试点城市。

一路走来，李媛媛率先倡导绿色经济创新技术，带领协会深入民生、建筑、交通、能源、金融等领域，进社区科普绿色低碳知识，为企业明确低碳发展路径，为地方政府制定碳中和规划，推动城市绿色经济发展。虽然这个过程很漫长、很曲折，也很难变现，但是她对记者说，"我从未怀疑这个行业的发展方向，要做的就是用心坚持。坚持'挖渠引水'，就能释放绿色经济活力"。

办协会：摸着石头过河

事实上，早些年国内就有不少环保能源相关的协会，而专注绿色低碳的却是空白。李媛媛告诉记者，作为首家行业协会，大多时候只能摸着石头过河。

"光做绿色低碳科普，就花了5年时间！"李媛媛说，成立之初，最难的就是理念的传播。为了传播低碳理念，她从社区科普做起，先是带领团队在社区开展绿色低碳科普活动，后是建立低碳示范社区。2014年，李媛媛主持开展罗湖区低碳示范区建设的调研活动，助力罗湖区打造低碳示范社区。此后，低碳社区工作在南山、福田相继开花。

"很多人不知道你在干什么，甚至以为你是不务正业。"李媛媛表示，当时民众和很多企业对绿色低碳缺乏认识。一些会员企业对于国家相关政策也不了解，政策科普便成为她最重要的工作。

要做就动真格。除了做政策科普工作，她还大力引进国外先进低碳技术，并开始制定低碳行业标准。协会一成立，她就带领团队不断学习，并参考国家、国际标准，制定行业标准。此外，她牵头组织协会与英国CSG碳汇服务公司签订战略合作协议，学习引进欧洲先进低碳技术、标准、管理经验和人才，促进深圳低碳经济发展。

建平台："搭桥"又"引水"

做协会，就是要"搭桥引水"。李媛媛立足深圳，构建起行业企业交流平台，并探索开展高新技术成果转移和产业化，用绿色经济创新技术推动企业创新发展。

从一开始的几家国企发起成立协会，到如今协会已有会员单位230余家，包括中国广核集团有限公司（原中国广东核电集团有限公司）、深圳市能源集团有限公司等多家大型能源企业。成立以来，协会共完成会员单位上市辅导 2 家，为会员企业实现融资 5 亿元，指导 1 家会员企业成立政府扶持基金 1 个，总规模达 3 亿元。

李媛媛透露，影响能源低碳节能领域企业上市的原因，就是相关指标未达标，而企业对于如何达标，需要专业的方案指导。所以在会员企业的服务中，她特别注重为企业发展做好定位和碳审计工作。基于专业的技术服务，协会最终帮助企业在香港上市。

协会还成功孵化多家高新科技企业，包括：中能云安（深圳）科技有限公司、中能数字能源（广东）有限公司（原深圳中能售电有限公司）、济南市首家金融领域混改公司——济南金控金融服务外包有限公司等。此外，协会还为多个城市做碳中和规划。比如，协会也为佛山市禅城区做调研，帮助其制订低碳发展规划。

建体系：跨领域玩破圈

李媛媛一手组建推广的深圳市绿色低碳产业服务体系，也是一个破圈的体系，跨越建筑、食品、金融、法律等领域。

此前，建筑空间具有低碳标准，建材的标准却是空白。2015 年，李媛媛瞄准构建康居认证体系方向，并开始发力。最终，协会成为全国行业协会中唯一的绿色建材认证服务机构，并不断推动着绿色建材的发展和应用。

在食品领域，李媛媛身体力行地开展食品安全相关政策研究。2020年，李媛媛参与中国标准化研究院牵头的《食品安全监管的国际趋势与经验借鉴》研究，提出完善我国食品安全监管的政策建议，该课题得到科学技术部成果登记。

此外，李媛媛还构建了新型金融服务模式。她培养出 20 人的金融人才队伍，走访企业，把每个企业的特征提取出来形成打分标准，为银行信贷提供依据，最终打造出中小微企业批量工厂信用融资体系，为 49 家中小微企业完成 9 800 余万元纯信用贷款申请。

不过，李媛媛告诉记者，低碳服务体系建设的成效周期长、变现慢，必须靠长期积累形成大量的底层数据，才能盈利。企业做低碳规划也是如此，可惜一些企业没有坚持到两年就放弃了。

做协会多年，李媛媛对于创新最深刻的体会就是难。"要创新服务模式，创新性地推动科技成果转化，更是难上加难。"但她又补充说，再难也要坚持。

相比其他协会，该协会在服务模式上有哪些创新？李媛媛表示，那就是以企业需求导向为目标，坚持为企业做服务。有的协会以会费为目标，或者先成立公司，再成立服务自家公司发展的协会，这种私心决定了协会做不大，走不长远。她强调，做协会，一定要坚持为市政府、为产业、为企业服务的初心。

破困局：打造科技成果转化中央厨房

李媛媛坦言，由于缺乏研发支撑和产业支撑，协会很难持续发展，也很难持续孵化、扶持企业。这也是很多协会普遍存在的问题。那么，应如何破局呢？

2020年年底，由中国兵器科学研究院与深圳市科学技术协会共同推动成立的科技类民办非企业单位——深圳市北极星技术创新研究院（以下简称"北极星院"）落户深圳，李媛媛是这一项目的核心推动者。

北极星院作为中国兵器工业集团粤港澳大湾区技术创新基地，致力于军民两用先进技术的创新和双向转化。北极星院下设北斗数字时空技术研究所、人工智能技术研究所、智能通信技术研究所等7个研究所。基于中国兵器工业集团的强大技术支撑、研发支撑，它将发挥深圳产业营商环境优势和先行示范区优势，以企业市场需求为应用基础研究方向，做到市场与技术的无缝对接，推动产业快速发展，促进深圳经济快速增长。

深圳市科学技术协会一直以来重视科技成果转化，而对于下属很多协会来说，这一直是个难题：一是技术"卡脖子"问题，二是自身可持续发展的"卡脖子"问题。北极星院将很好地解决这一难题，实现可持续发展。

李媛媛表示，北极星院是协会"搭桥引水"的再一次行动，它好比一个中央厨房，协会对接地方政府、湾区企业、全球市场，他们列出需求菜单。中央厨房根据菜单，将中国兵器工业集团的技术进行转化，加工生产出一道道美味的菜肴，回馈市场。

做协会多年，整合资源是李媛媛的强项。她说，协会的优势是企业资源多，我们可以根据企业需求去找技术，中国兵器工业集团则可以提供强大的技术支持。"引来活水，提升湾区企业的技术水平、带动产能的增长，它将拉动一个千亿级产业的发展。"

目前，北极星院已有落地科研项目，如为某央企提供基于北斗定位的海上搜救方案。接下来，北极星院将为深圳打造一个多维城市响应系统，作为应急示范项目，探索军民两用先进技术的创新和双向转化。

李媛媛表示，这不是对老本行的舍弃，而是对协会新型服务模式的再引领。

深圳鑫宝通材料科技有限公司董事长黄启亮：
钓竿灵感用于港珠澳大桥

《深圳商报》记者 袁静娴

"从事制造业，特别是管道制造实业的年轻人，确实不多。"谈起为何成了别人口中的"年纪轻轻却要坚持做制造业的80后董事长"，深圳鑫宝通材料科技有限公司（原广东宝通玻璃钢有限公司，以下简称"宝通"）董事长黄启亮接受记者采访时说，进入管道行业是一次意外的邂逅，也是筹谋已久的"大计"。

2008年宝通成立时，黄启亮才25岁。当黄启亮33岁时，宝通成为港珠澳大桥项目的管道指定供应商，鑫宝通纤维编织拉挤电缆保护套管（BWFRP 管道）因此声名大振。BWFRP 管道由宝通自主研发，2015 年才进入市场，这种管道兼具了传统塑料管道和钢管的优点。黄启亮说，这种新型管道的灵感，来自鱼竿。

储能："潜伏"八年，有备而战

2000 年，17 岁的黄启亮从福建老家来到深圳，投奔做管材生意的堂叔，做起了管道材料销售。年轻机灵的黄启亮，慢慢积累了稳定的客户资源。对行业逐渐熟悉后，黄启亮萌生了创业的念头。

营销出身的黄启亮，说起创业十分谨慎："我绝不打无准备之战。只有拥有一定订单量，才能正式投入生产。"8 年时间，黄启亮有意识地进行市场调查，四处寻找客户。"当然也闹过不少笑话，年纪轻轻，不少客户误以为我是刚毕业的新手。"黄启亮说，2008 年觉得时机成熟，带领 2 名技术合伙人和 3 名市场销售骨干，成立广东宝通玻璃钢有限公司。

宝通最早的产品是传统的玻璃钢夹砂管道，当时公司并不愁订单。黄启亮遇到的第一个挫折，是产品品质不尽如人意。"我们在原材料和设备上投入了大量心血，但成品质量还是难以达到市场标准。"他说，自己为此在全国到处跑，请来了有经验的技术专家分析原因，用了几个月时间改良生产线，这才顺利过关。

公司运营走上正轨，也慢慢开始盈利。对行业有了更深的理解后，黄启亮却开始对宝通的未来感到担忧。他说，传统管道行业存在着诸多问题，比如行业进入门槛低、企业多，市场存在劣币驱逐良币的现象。当时市场上塑料管道和钢管占据了 95% 以上的市场份额，传统管材企业普遍都已发展成熟，体量小的宝通毫无优势，这些都让黄启亮颇为担忧。

"如果继续做传统材料管道，宝通很难开辟出一条属于自己的路。"黄启亮下定决心，一定要走出一条属于自己的路。

破局：钓鱼竿激发的灵感

2010 年，黄启亮发现市场上出现了一种新型复合材料。"新材料给我的冲击很大。"他觉得，如果想让公司发展更进一步，这种新材料将是自己开辟管道蓝海市场的突破口，也是管道行业未来发展的新风向。

潜意识很快变成了研发方向。这一次激发灵感的，是钓鱼竿。素爱钓鱼的黄启亮想到：鱼竿的工艺能不能应用在管道上，让管道强度更高并有韧性？黄启亮立即开始着手组建研发团队，把鱼竿制作工艺和新型复合材料结合起来，开启新型管道研发。"这是一次大胆的冒险，市场上还没有出现过类似产品，如果我们成功了，这将是一个划时代的新型管道。"黄启亮说。

这次冒险用了长达 5 年的时间。黄启亮其间多次考察国内外先进的管道制造工艺，经过无数次的测试验证，终于在 2015 年获得成功，并顺利实现量产。

面世的新产品叫 BWFRP 管道。黄启亮介绍称，BWFRP 管道采用高性能无碱玻璃纤维和高性能树脂为原材料，不同于传统管材的生产工艺，采用的是连续纤维在线完整编织缠绕拉挤一体成型工艺生产，结构优越且不容易造假。在性能上，与塑料管相比，全新的管道具有更好的抗冲击性，拉伸强度是塑料管的 3 倍以上；与涂塑钢管相比，全新的管道耐腐蚀性、电绝缘性都远高于涂塑钢管，且重量是钢管的四分之一，运输与安装都更方便；与传统玻璃钢夹砂管相比，全新的管道使用的是高性能无碱玻璃纤维，生产工艺无法造假，稳定性更好、使用寿命更长。

一种全新品类的管道要快速打入市场并非易事。经过各种市场碰壁与打击后，BWFRP 管道依然难以让市场接受。在这段时间里，黄启亮不断告诉自己："为管道行业高质量发展而努力奋斗。"

2016 年，港珠澳大桥项目面向全国管材制造商公开招标，黄启亮抓住机会。初出茅庐的 BWFRP 管道没有什么知名度，黄启亮直言"并没有太大希望"。"那时 BWFRP 管道还没有明确的国家标准，严格来说，BWFRP 管道还不具备竞标资格。"黄启亮回忆道。但在业主和施工方了解到全新管道的特性后，他们对其耐腐蚀性、抗冲击性等进行了严苛的产品测试，宝通经过层层检验后最终入围管道供应商，还成了港珠澳大桥的优质供应商。

黄启亮表示，对于一个新产品，刚上市就取得国家重大项目的认可加持是幸运的，这也逐步让 BWFRP 管道在行业里崭露头角。

2016 年 9 月，BWFRP 管道获得了住建部颁布的"全国建设行业科技成果推广项目"证书；2017 年，宝通参与行业标准《中华人民共和国电力行业标准 DL/T 802.2—2017》的制定；2018 年，BWFRP 管道被中国南方电网认定为传统管材的优质替代品⋯⋯BWFRP 管道的市场影响力，正在逐渐扩大。

未来：为管道行业发展而奋斗

回顾创业路时，黄启亮说自己是幸运的"80 后"一代，生在了祖国发展稳定繁荣的时期，早早来到了深圳，赶上了改革开放的浪潮。

他一再表示，宝通是在深圳成长起来的企业，而自己是在深圳成长的深圳人，正是深圳包容、创新的精神和氛围成就了宝通和自己。"吃苦、坚持，对眼下要有足够了解，对未来要有远虑。"这是黄启亮对自己创业经验的总结。

2019 年，宝通营业收入为 3 亿元；2020 年，黄启亮定下的目标是 6 亿元；未来的几年，他希望每年都能翻一番。"这并非不可能。"黄启亮认为，BWFRP 管道只占据中国电缆保护套管不到 1% 的市场。"塑料管道替换钢管用了几十年，我们想要替换塑料管和钢管，需要保持足够的耐力。"

黄启亮透露，在产业布局上，宝通已在广东、重庆、江西等地分别建立了生产基地，继续研发更高质量不同应用领域的新型 BWFRP 管道。"宝通的发展正在爬坡到另一个高度，除了市场，还要思考自己能为行业做出什么贡献，这是我们的使命。"黄启亮说的使命，几乎每个宝通人都能脱口而出。在宝通产品展示大厅的正中间，刻着这一句话：为管道行业高质量发展而努力奋斗。

深圳深知未来智能有限公司 CEO 张齐宁：用算法打造『黑夜终结者』

《深圳商报》记者　袁斯茹

每天太阳升起，也意味着地球的另一半迎来了黑夜，而一些交通事故、重大案件正是在黑暗的环境中发生的。目前的车载、安防、手机摄像头拍摄夜间环境，比起白天效果会打折扣，因此晚上的安全指数相对较低。深圳深知未来智能有限公司（以下简称"深知未来"）CEO 张齐宁在接受记者采访时表示，他们打造了专用于低照度环境下的图像增强深度神经网络（EODNet），可将极弱光下拍摄的人眼不可见的图像，增强至白天一样的效果。

"EOD 取自英文 End of Dark，意为'黑夜终结者'。"张齐宁说。

将夜间图像亮度提升 200 倍

为了在夜间看得更清晰，人们早已开始尝试。第二次世界大战期间出现了第一台夜视仪，利用红外光，看到的画面也都是红色。随着技术的发展，在夜晚具备彩色视觉的设备越来越多。

当时，将夜间图像提亮主要有三种方法：第一，用于安防摄像头的低照度互补金属氧化物半导体（CMOS），通过增加感光颗粒面积，从而增加光子数量，但噪点也会同时增大；第二，用于军事的电子倍增电荷耦合器件（EMCCD），通过增大光电转换效率，将原本画面上的一个光子，转化为几十上百个电子，从而看得更清晰，但这种方法价格昂贵，难以大规模应用；第三，目前很多手机、相机采用的多帧高动态范围成像（HDR），但是只能用来拍静物。

张齐宁说，不同于以上方法，利用深度神经网络打造的"黑夜视觉"可以同时做到提亮和降噪，"使用 EOD 模型后，在同样硬件下，可将夜间图像的亮度提升 200 倍，它同时也是目前降噪领域最好的算法"。

简单来说，机器可以学习夜间模糊图像和清晰图像之间的关系，并生成一个模型，使得输入的模糊图像变为输出的清晰图像，"比如原本的图像只有一个光子，因此亮度不够。而神经网络可以通过学习，给这张照片加上 100 个光子。和 EMCCD 不同的是，由于加上的都是机器学习到的自然光线，因此失真度很小。"张齐宁说："当然具体的机器学习过程还要复杂得多。"

据悉，EOD 模型是国内首个基于深度学习的单帧夜拍算法。

瞄准夜间千亿市场

张齐宁说，不同于图像识别，深知未来是一家图像增强公司。"我们主要瞄准三个领域：手机拍照，安防、车载、无人机摄像头和视觉芯片。"

据相关数据，2018 年全球智能手机出货量为 15 亿台，而拍照能力更成为各家比拼的焦点。其中，夜拍模式自然不可忽视。张齐宁说，公司目前已经和两家手机厂商达成初步合作，为其样机提供算法试用，其中一款样机为 2020 年年初发布的最新款。搭载 EODNet 系统对手机硬件没有特殊要求，因此不会提升相应成本。

此外，深知未来还与福建某市合作打造智慧交通，为其安防摄像头提供算法。

采访中，张齐宁特别提到了车载夜视仪的潜力。在夜间，车辆大灯的视距仅有 20~60 米，而 EODNet 可以在低配感光传感器基础上提升 200 倍亮度。"也就是说，我们能增加 100 米的视距，从而为司机赢得数秒的应变时间。"张齐宁说，"尤其是运载贵重物品的大型货车，十分需要额外的黑夜视觉。"

"愿世界没有黑暗角落"是深知未来的一句口号，而为了实现它，就要让黑夜视觉技术惠及个人。据悉，深知未来除了在开发配合车载夜视仪的硬件，也在研发视觉芯片解决方案。"一旦实现完全自主研发，可以大大降低成本，也许未来每个人都可以拥有一副科幻片里的夜视增强现实（AR）眼镜，价格会在千元左右。"张齐宁说。

"超人的红内裤必须外穿"

2019 年 3 月，深知未来获得由深圳南岭慧业战略新兴产业股权投资基金合伙企业（有限合伙）（以下简称"南岭慧业基金"）的领投，这也是这只基金投出的第一笔钱。

这个团队的员工只有几十人，但每个人都各有所长。创始人张齐宁、郭奇峰分别曾是腾讯、百度技术序列前百分之一的专家。此外，团队中也不乏来自华为、大疆的顶尖专家。在加入深知未来前，每个人都已在自己的领域取得了一定的成绩。

和大多数创业公司一样，深知未来经常在半夜十二点依然灯火通明。不过南岭慧业基金相关负责人告诉记者，最终打动他们的，是这个团队好像无所不能。据了解，无人零售柜也是深知未来的业务之一，他们开发的算法识别准确率已达99.8%，这一板块每年都为公司带来盈利。

张齐宁说，他们在创业过程中也遭遇过很多不理解，为什么会选择一项此前没有技术路径可参考，也没有巨头公司验证过的技术。"我一直觉得公司使命就像超人的红内裤，一定要外穿才能真正激励到自己。"张齐宁告诉记者，"未来我们将继续打造极弱光、水下、强光、逆光等环境下的成像引擎，而最终的结果只能交给市场去验证。"

深圳市普渡科技有限公司创始人兼 CEO 张涛：
做商用服务机器人标杆企业

《深圳商报》记者 刘娥

在深圳的各大餐厅里，我们经常可以看到深圳市普渡科技有限公司（以下简称"普渡科技"）的送餐机器人穿行其间，这些机器人留下了可爱又充满科幻感的身影。

立足深圳，走向全球。从 2016 年第一台送餐机器人上市，到如今产品远销 60 多个国家和地区，覆盖全球 600 多个城市，深圳本土企业普渡科技已成为中国"智造"出海的杰出代表之一。

谈及创业初心，普渡科技创始人兼 CEO 张涛接受记者采访时说："用机器人'普度'众生，提高人类生产生活效率。"

因为热爱开始机器人创业

张涛早在读书时期就表现出对机器人的热爱，并开始创业。在香港科技大学机械工程系攻读硕士期间，他深入研究人工智能与机器人学、计算机视觉与图形学，拥有超过 60 项机器人领域的技术专利，曾先后创办国内头部科技媒体雷锋网和家庭服务机器人公司。

2016 年年初，凭借敏锐的商业嗅觉，张涛意识到：商用服务机器人上下游都处于由不成熟转向成熟的拐点，创业时机已经到来。怀着满腔创业热情，他创办普渡科技，希望能够"通过创业把技术和商业结合，创造社会价值和自我价值"。

他说，之所以选择在深圳创业，是因为深圳的创新创业氛围很好，有着全球最发达的硬件产业链基础，是一块创业的热土。

做送餐机器人，张涛思路清晰："从技术和商业两个维度，再加上熟悉的领域——机器人定位导航，我就想到了做送餐机器人。"

开创新一代送餐机器人

普渡科技瞄准时机，不到 5 年即成长为商用服务机器人全球性标杆企业。2021 年，普渡科技商用服务机器人的全球市场占有率超过 60%。

坚持产品创新，普渡科技开创了新一代送餐机器人这个新品类。据介绍，普渡科技的"欢乐送"送餐机器人日均配送超过 200 盘，相当于1.5 名专职传菜员的工作量，按月租赁费用不到 3 000 元，低于一二线城市服务员的每月工资。又因为有着良好的外观和品位，"欢乐送"刚推出就获得了德国红点设计奖。

在商用服务机器人方面，普渡科技网红爆款频出。此后，普渡科技又推出高端送餐机器人"贝拉"、主打呼叫通知功能的配送机器人"好啦"、消毒机器人"欢乐消"、配送迎宾二合一机器人"葫芦"和楼宇配送机器人"闪电匣"等。

网红产品离不开先进技术的支撑。张涛表示，普渡科技每一款机器人都坚持做到技术行业领先，不管是导航算法、多机调度、感知避障算法，还是机器人减振等都是如此。

人均专利数是同行 5 倍

普渡科技有 2 000 多名员工，除了深圳总部，还在北京、成都等城市拥有超过 12 家子公司。2020 年 7 月至 8 月，普渡科技获得过亿元 B 轮融资，以及近亿元 B+轮融资，并在 2021 年 5 月和 9 月分别完成 C1 轮和 C2 轮融资，C 轮累计融资额近 10 亿元。

即便如此，他的创业之路也并非一帆风顺。张涛告诉记者，在最困难的时候，公司面临资金链问题，在管理方面也曾遇到很大挑战。

他说，不管遇到什么困难，只要我们做的事情是大致正确的，那么最重要的就是"坚持，以平常心对待"。

张涛认为，相比行业内其他企业，普渡科技的创新点有三个。一是坚持自主研发核心技术。"作为初创公司，我们做了 1~5 年的技术准备，人均专利数是同行的 5 倍以上。"二是管理模式比较开放，进行扁平化管理。三是在商业模式上，以租赁为主。他坦言："这样的商业模式，对我们是一个很大的挑战，相比销售这种一锤子买卖，租赁不满意可以退租，不过这也促使我们必须把产品和售后运营都做得足够好。只要做得足够好，就能形成差异化的优势，真正做到以客户为中心，从而取得长期胜利。"

张涛认为，商用服务机器人行业的春天已经到来。

"未来这个行业会比工业机器人大很多，会诞生多家世界级机器人企业。目前商用服务机器人渗透率还比较低，为 1%~2%，未来还有非常大的发展空间，会在很长时期内维持高速增长。"张涛说。

未来机器人（深圳）有限公司李陆洋：
突破四大『卡脖子』技术，让物流机器人更『聪明』

《深圳商报》记者 涂竞玉

"在全中国，深圳这座城市对创业者是最友好的。我们所做的物流机器人——工业无人车辆——属于'硬科技'，不管是在人才的聚集度、供应链体系的完整性，还是在政府的支持力度、市场活跃度等方面，深圳都配套齐全。"接受记者采访时，香港青年李陆洋表示，在深圳创业是不二之选。

如今，由李陆洋创建的未来机器人（深圳）有限公司（以下简称"未来机器人"）在5年的时间内已成功交付超过 150 个客户项目，完成超过 50 个行业标杆企业的现场应用案例，覆盖汽车制造、食品、石油化工、电商物流、快消制造等众多行业。

率先实现多个项目落地

未来机器人成立于 2016 年，是最早进入工业无人车辆领域的企业之一，也是国内率先将视觉技术应用于工业无人车辆导航模块的企业。经过多年的研发，未来机器人在工业无人车辆的高精度强鲁棒导航、智能视觉感知、高精度伺服控制和大规模多层次调度等四大"卡脖子"技术方面取得了突破。

"基于这四项核心技术，未来机器人先后开发了 8 大系列工业无人车辆产品，突破物流节点内全流程高难度刚需场景应用，并率先实现多个项目落地：6 层以上移动式仓储笼堆叠项目、工业无人车辆 24 小时装卸货车项目、5G 与无人驾驶技术结合的电商物流仓项目、基于存量车无人化改造的 9.4 米存取项目、工业无人车辆与牵引车室内外衔接的室外转运等项目。"李陆洋说。

作为全国高新技术产业发展的一面旗帜，在人工智能、工业互联网、重大科技基础设施等领域，深圳的建设和发展水平都保持着国内领先。在李陆洋看来，未来机器人要做的事情，就是将工业无人车辆与 5G 技术、大数据、物联网、云计算深度融合，让更聪明的工业无人车辆代替人工完成物流作业。

科技型企业首先要定义好问题

当前，中国物流行业正在从劳动密集型向技术密集型转变，以无人机、无人车、无人仓为代表的物流无人化技术备受关注。未来机器人以乘用车车规级无人驾驶技术为框架，深入开发视觉定位、视觉感知和伺服控制等核心技术，形成了一套在自然环境下高精度、低速度车辆无人驾驶模块，并将它与工业车辆相结合，商业化应用到工厂物流和仓储物流两大领域。

在复杂节点物流场景面前，未来机器人没有止步，而是选择攻克，这与其愿景息息相关。李陆洋说："新商业模式的涌现，让最前端的商流出现了多变的属性，进而间接传导至物流环节。我们希望用视觉技术赋能工业车辆无人驾驶，推进物流节点内柔性物流化进程。"

未来机器人致力于为企业提供以工业无人车辆为核心的柔性物流无人化方案，即在不改变现场环境和遵循原有业务流程的前提下，通过投放更智能的工业无人车辆，替代人工作业，有效提升企业内部物流效率。

李陆洋认为，对于一个科技型企业来讲，第一步是要定义好问题。"我们不应该为了解决困难而创造困难，所以在创业之初，我们要理性定义我们所生产的产品是否有利于人类进步且有实际价值。"

他表示，作为一个科技创业者，始终要尊重首创精神、尊重市场反馈、尊重科学事实。李陆洋说："只要我们坚持相信，我们可以改变世界，就真的可以改变世界。"

深圳市政府的"雪中送炭"至今难忘

李陆洋坦言，自己和深圳的故事有很多，印象最深刻的还是在疫情期间，深圳市政府对未来机器人的"雪中送炭"。

"当时赶上疫情，我们的资金压力非常大，即便在最艰难的时刻，深圳市政府还是一如既往地支持科创企业，几千万的项目审批非常快，同时及时将资金注入公司，使得公司的资金压力得到了很大的缓解。"李陆洋说，"从公司最艰难时期的 50 人发展到现在的 200 多人，市场估值翻了 8 倍，绝对离不开深圳市政府的支持。"

未来机器人一路走来，经历了重重困难。在李陆洋看来，未来机器人并不是他一个人的公司，而是所有股东和员工的公司。"走出困难绝不是凭着一己之力，走出困境也不是一个人的功劳。"

"疫情期间，我们账上最少的时候只有 700 万元，只够支撑公司运营 2 个多月，当时全公司的员工最后只留下了五六十人，大家都自愿将薪水降到正常水平的 30%～50%，在如此艰难的情况下，还在开辟新市场。"李陆洋说，"我对公司的一位销售印象很深刻，当时疫情管控，出行需要隔离 14 大，他为了拿下一个项目，自己开车从深圳到北京，在高速上吃、在高速上睡。还有我们的研发团队在最特别的时期产出了创造性的研发成果。"

深圳市钱海网络技术有限公司刘超峰：打造全球数字支付领先品牌，让全球支付更简单

《深圳商报》记者　涂竞玉

"深圳是我最喜欢的城市，也是我梦想开始的地方。"一说起深圳，深圳市钱海网络技术有限公司（以下简称"Oceanpayment"）联合创始人刘超峰的欢喜之情便溢于言表。

深圳年轻又充满激情的氛围，让创业多年的刘超峰始终充满超高的执行力和活力。"每天 6 点钟起床，7 点到公司上班，工作结束回到家经常是 11 点左右。"这样的工作习惯和工作强度，刘超峰已经坚持了多年。

物理教师闯荡深圳跨行经商

在刘超峰的办公室，挂着"天道酬勤"四个大字。从农村走出来，经过多年的打拼和积累，刘超峰深刻体会到勤能补拙的道理。"成功其实就是勤奋、聪明和运气的组合，Oceanpayment 能够走到今天实属不易。我们不怕海外巨头的竞争，我们要为打造数字支付的全球品牌而战。"刘超峰说。

2001 年，刘超峰从陕西师范大学毕业后到上海青浦担任物理教师。20 世纪 80 年代，电视剧《深圳人》热播，电视剧中的白领在咖啡馆谈业务、热火朝天的城市景象、如火如荼的建设高潮等镜头令他对深圳充满了向往。为了心中燃起的梦想之火，刘超峰毅然辞职来到深圳闯荡。

初到深圳，大学学理科专业的刘超峰进入了当时比较热门的通信行业，当起了销售员，卖过广播电视器材、手机原材料等多种产品。刘超峰既勤奋、踏实、执行力强，又愿意吃苦，很快就有了积累，之后便尝试创业，创立和投资了多家公司。

2013 年，高中同学杨新芳找到刘超峰，邀请他一起做一个全球数字支付技术服务公司。凭借多年的创业经验，刘超峰意识到当时通过中国电商平台购买商品的外国人越来越多，互联网跨境支付需求肯定会日益旺盛，这是个有前景的项目。经过 7 年时间的打磨和发展，刘超峰与他的创业团队已经将 Oceanpayment 打造成中国全球数字支付解决方案领先品牌，该平台负责支撑全球 500 多种支付产品，覆盖 200 多个国家和地区，服务数万个全球电子商务网站。

创业要努力做到积极但不着急

出口跨境电商正成为中国外贸的重要支持力量，而支付这一环节在完成商户和消费者之间的交易中起着核心作用。全球数字支付是一个集 AI、大数据、文化监管、信用体系、国际标准等于一体的高技术门槛领域，一直以来，跨境支付被国外支付巨头垄断。

刘超峰表示，风控能力与业务合规是跨境支付业务发展的基础，在此之上，Oceanpayment 需要基于对行业的深度理解，进行业务模式的创新拓展。"Oceanpayment 以其本地化、定制化服务能力，与海外公司相比毫不逊色的产品能力、技术能力和风控能力，迅速成长为全球数字支付行业的龙头企业。公司的快速发展是对国际巨头垄断中国支付市场最好的出击，让数字支付领域的世界舞台上也有了属于中国人自己的品牌。"

从创业初期一路走来，Oceanpayment 摸索着石头过河，面临过许多挑战，有着道不尽的艰辛。这些年来，刘超峰目睹很多同行业公司从市场上冒出又从市场上消失，他认为，创业道阻且长，创业者首先应该以结果为导向，用平和、阳光的心态去思考和处理问题，努力做到积极但不着急。

企业的稳健发展比速度更重要

刘超峰告诉记者，过去几年，中国跨境支付市场规模的年复合增长率高达 35%，未来几年还会保持较高水平的年复合增长率。深圳作为跨境电商聚集地，其规模在全国处于领跑地位。他认为，对标海外市场，中国跨境支付行业目前仍处于快速成长阶段。未来，产业链一体化和业务多元化趋势将成为业内发展的主旋律。

刘超峰分享 Oceanpayment 可以在全球数字支付领域站稳脚跟、活下来并发展的原因：Oceanpayment 在发展的过程中深谙"慢就是快"的道理，不为短期利益，只为真正满足市场需求和消费体验，严把风险，用心沉淀，花费大量的时间和投入，深度应用"AI+大数据"打造场景化的风控建模能力，在保证消费体验的同时，最大限度地抵御交易风险并提高收益。与此同时，Oceanpayment 顺势而为，关注、响应和利用国家政策，充分把握跨境市场高复合增长大趋势。此外，Oceanpayment 不断培养人才，积极引进全球的技术和管理专家，提高公司整体实力和能力。

如何在全球数字支付行业中脱颖而出，获得更多行业、商户以及生态的认可，是 Oceanpayment 一直在努力的方向。"本地化和定制化服务是我们争取市场的巨大优势，通过长时间在业内稳定呈现服务质量，从而形成全球范围内的品牌信誉，是我们目前发展的核心竞争力。"刘超峰表示。

"让全球支付更简单，这是我们的愿景。"刘超峰说，Oceanpayment 成长到今天，再也不是一家企业，而是一个中国品牌在全球数字支付技术领域的梦想！

深圳普瑞赛思检测技术有限公司董事长许辉勇：

缓解「安全焦虑」，为电池安全保驾护航

《深圳商报》记者　涂竞玉

作为主要起草人参与完成制定国家/地区/行业标准 10 项，申请专利 64 件，公开发表论文 5 篇，主导的"动力电池安全性关键技术提升及产业化应用"项目荣获广东省科技进步奖一等奖……在这些成果和荣誉面前，深圳普瑞赛思检测技术有限公司（以下简称"普瑞赛思"）董事长许辉勇依然兢兢业业、不忘初心，为电池安全保驾护航。

"进入电池行业已 20 余年，有幸见证中国电动汽车及动力电池行业由弱变强、由跟跑到领跑，在国际舞台唱响中国声音。"作为技术达人，许辉勇既懂得如何正确地做事，又懂得如何高效地做事。

产学研强强联合，守护电池安全

在碳达峰、碳中和的大背景下，电动汽车、储能、电动船舶等作为国家战略性新兴产业，其竞争不仅是企业间的技术竞争，更是国家间的战略竞争。动力电池系统是能量存储的核心装备，开发国际领先的动力电池系统是国家实现碳达峰、碳中和目标的关键一环。

记者了解到，随着电动汽车、电动船舶、轻型电动车等得到越来越广泛的应用，由电池引起的电动车充电、碰撞起火的新闻频频见诸媒体，动力电池安全问题已成社会关注的焦点，如何消除电池热失控成为业界研究的重点课题之一。

许辉勇表示，该领域面临的最大问题就是电池的安全焦虑问题，尤其是三元锂电池。"我们的核心目标就是从多维度出发，解决锂离子电池的安全问题。重点是以电池系统为研究对象，在'电芯—模组—电池包'这个技术链条下进行电池安全技术、可靠性测试技术、失效分析技术攻关，取得的核心性研发成果主要围绕电池一致性保障技术、能量管理技术、热管理和热蔓延延缓技术等。"

他指出，"动力电池安全性关键技术提升及产业化应用"在 2021 年荣获省科技进步奖一等奖，是联合广东工业大学、中国科学技术大学进行产学研合作开发的硕果，是公司多年来持续进行产学研合作创新的一个非常典型的案例。研发成果经成果鉴定委员会鉴定，项目总体技术达到国际先进水平，动力电池系统安全防控技术达到国际领先水平。2021 年，普瑞赛思获得中华人民共和国工业和信息化部（以下简称"工信部"）新能源汽车领域的"产业技术基础公共服务平台"认定、国家专精特新"小巨人"企业认定及广东省科技厅"广东省动力电池测试评价工程技术研究中心"认定。未来希望能通过平台及工程中心的建设，进一步深化产学研合作，推动企业成为技术创新的主体，加快科技成果的产业化，促进产业的转型升级。

保证电池的安全是第一要素

据了解，目前的电池安全测试大致分为三大类，分别是热学可靠性测试、电学可靠性测试和机械可靠性测试。针对不同层级的产品，具体细分测试项有数十余项。

"在电池系统开发和制造过程中，从不同维度进行全面的安全测试是极为重要的一环。"许辉勇说，"我们的团队根据国家相关标准和电池研发中存在的问题，开发包括针刺、挤压、过充电、海水浸泡等不同场景的测试方案，同时也会根据客户的需求定制测试方案，如高空跌落、重物冲击、翻转等，测试要求都远超国家标准和行业标准，以期最大限度保障安全。"

全面系统的电池安全测试，需要先进的测试方法、仪器设备、失效分析手段和技术标准的通力配合。在电池安全领域，普瑞赛思目前主导和参与制定国家及地方标准 9 项，申请专利及软著 35 件。依托企业内部持续性的研发投入，普瑞赛思可以实现从电池原材料到电池系统的一站式检测评估，并实现电动车用电池、储能用电池、电动船舶用电池、中国强制性产品认证（CCC）及电动工具等类型电池的全面检测与认证。公司所获认证资质授权覆盖欧洲、美洲、亚洲数十个国家和地区，为国内外车企提供动力电池研发测试，为智能手机客户进入国际市场提供产品国际认证服务。

未来的普瑞赛思将在守卫电池全生命周期安全领域持续探索，聚焦电池设计、研发制造、服役使用、回收与梯次利用等领域深入开展工作，定制锂离子电池安全问题解决方案、测试方案，开发电池健康状态评估方法，开展不同电池维度的数据分析和仿真研究工作。

"我们的研发工作有完善的项目管理流程，确保科研项目顺利立项、实施和产出成果。"许辉勇说，"首先从组建团队开始，提出痛点问题，充分调研，拟定研发课题；其次召开公司专题讨论会，正式立项；再次制订详细的实施方案，团队协作执行；从次产出阶段性成果与做好工作复盘；最后项目结题，全面复盘。"

政府的支持给企业吃下定心丸

"研发和产业化工作需要投入大量的人力和经费，虽然有高校作为主要承担单位，还有合作单位的配套和支持，但这些还远远不够。"许辉勇坦言，在项目实施过程中，遇到了很多的困难和挑战。"深圳市政府大力发展民营经济，科学引导产业发展，助力企业做强做大，帮助企业增量提质，让广大扎根在深圳的企业坚定了发展信心。"

记者了解到，深圳市政府十分重视和鼓励研发。根据《2020年深圳市人民政府工作报告》，市级科研资金投入基础研究和应用基础研究的比重从12%提高到30%以上，深圳在国家创新型城市创新能力排名中位居第一。2021年，深圳市政府计划在科学技术方面的支出增长率达到66.9%，主要支出包括科技研发资金、科技重大项目、促进人才优先发展等，持续发挥"基础研究+技术攻关+成果产业化+科技金融+人才支撑"全过程创新生态链功能和效应。

许辉勇告诉记者，除了多项市重点研发项目、平台项目、人才政策等，市、区及街道各级领导还多次深入企业实地调研，下实验室、听汇报、现场办公，倾听企业诉求，建立重点企业"一站式"点对点专员服务机制，宣讲扶持企业的优惠政策，并针对企业快速发展中遇到的困难，给予定制化的服务，一心为企业的发展排忧解难、保驾护航。

他表示，在深圳这座"创新之城"，未来普瑞赛思将持续进行动力电池安全测试评价及技术服务产品创新和安全升级。此外，普瑞赛思还将持续与各大科研院校、企业密切交流合作，深入开展产学研合作，孵化新技术，研发先进电池产品检测技术，培养时代新人。"我们将持续创新，与车企携手，为广大消费者带来更安全、更先进的新能源汽车。"许辉勇说。

深圳市智绘科技有限公司 CEO 张亮：
八方汇才，打造顶级人工智能「硬科技」

《深圳商报》记者 涂竞玉

"2015 年博士毕业以后，我原本有机会留校任教，我的导师鼓励我说：'我的学生中做教授的很多，做好企业的却很少，你好好做企业，将科研成果转化。'"听了导师一席话，智绘科技 CEO 张亮从此走上了创业之路。

"2015 年正是无人机、VR/AR、自动驾驶最火的时候，受到当时创业潮的感召，加上'硬科技'得到重视，我决定要做出自己的酷炫产品。"张亮博士说。

招聘人才 先从身边人"下手"

据了解，深圳市智绘科技有限公司（以下简称"智绘科技"）成立于 2015 年 7 月，是国内领先的自主智能无人系统及智慧城市领域的国家高新技术企业，致力于打造全球领先的全场景、一体化机器人服务平台。

智绘科技的标志（logo）很像一个有着尖尖角的字母"A"。张亮表示，公司的 logo 和名字都有着特殊的意义。他说，在设计 logo 时，地上一片形状别致的树叶给了他很大的灵感。"这片树叶像一个'A'，中间的纹路像一个'I'，合起来就是'AI'，正对应着我身处的行业。而'智绘'意为'智慧会师'，将公司各方面的人才凝聚成一条心，朝着一个目标去奋斗，打造出优秀的人工智能'硬科技'产品，让机器更智能地服务世界。"

张亮说，企业在每个阶段所面临的困难都是不一样的。"公司创立之初只有两个人，我们什么都得自己干，刚毕业也没有经验，最困难的就是人员招聘。"他笑称，解决这个问题的方式是从自己的身边人"下手"。"同学、师兄、校友都被我挖掘过来，后来都成了公司的骨干。"

智绘科技发展到一定阶段，公司管理和发展理念的问题迎面而来。现如今，公司规模变大了，又面临如何构建自己独特商业模型、如何驱动公司利润每年实现翻倍增长、如何打造爆款产品、如何配备更优秀的人才等问题。"创业真的很不容易，公司未来如何发展是我们目前所处阶段最重要的问题，把这个问题解决好，我们离成功便更近了。"张亮说。

厚积薄发 撬动万亿物业市场

公司成立以来，智绘科技积累了多项智能技术，比如多传感器融合定位技术、自主决策规划技术、多机协同技术等。这些技术的积累与智绘科技的发展路径息息相关：2017 年，智绘科技启动了第一代导航控制器研发项目；2018 年，智绘科技推出了智能无人驾驶车，此后完成了多种类型机器人开发，包括安防机器人、巡检机器人等。

随着无人工厂、无人配送、无人巡检等开始进入大众视线，在物业服务中，无人清洁成为一大趋势。物业方对清洁质量要求越来越高，传统人力堆积的清洁模式遭遇困境，在多重矛盾下，物业清洁机器人市场迎来了发展机遇。

"我们目前正打造的产品——商用清洁机器人将引领行业发展。"对此，张亮信心满满。据介绍，商用清洁机器人集洗地、吸尘、推尘于一体，可实现全天 24 小时不间断清洁作业。

这款机器人能够智能进化，放置场景中使用后，场景数据将积累成算法训练的数据库，在不断迭代中，用户会发现机器人越来越适合自己。"我们在硬件系统设计上进行了冗余设计，就是为了未来通过空中下载技术（OTA）升级即可兼容更新的场景需求，为客户提供具有进化力的产品。"

在维护上，商用清洁机器人也真正做到了"无人化"，无须人力频繁更换抹布、滚刷，也无须人力排污、清洗污水箱、加水等，机器人自主到全自动基站"补充弹药"，可以脱离人员照看。在交互上，相比市面上传统机器人需要使用软件 App 控制，新产品采用机载大屏、手机应用程序、云端软件三系统控制，客户能够更自由、顺畅地控制机器人。

张亮表示，物业清洁一方面要降低成本，另一方面要提高品质，靠人力堆积肯定不行，必须依靠科技化手段，机器人服务是其中非常重要的一个环节。

聚焦智能 打造创造生产力的企业

张亮表示，智绘科技目前更多的是做"硬科技"，因为机器人作为一个独立的硬件产品是没有价值的，一定要形成一个体系，要深入到客户的作业流程中去。

据介绍，智绘科技的机器人服务平台为物业管理及其他行业提供体系化服务，机器人助力企业降本增效、提高服务品质。智绘科技通过机器人集群调度与管理系统 AllyFleet、机器人互联协作系统 AllyLink 和机器人云端进化大脑系统三套核心系统 AllyBrain 以及多功能物业服务机器人矩阵 AllyBot，实现 N+场景系统化机器人服务解决方案。

"机器人并不是无所不能的，每个机器人都只能承担有限的工作，未来机器人会更加注重协同，建立整体智能化的体系。"张亮表示，智能养老、智能看护、智慧医疗、智能物业等都将是未来发展的方向，把人从枯燥、重复、低效率，甚至是危险的活动中解放出来，让机器更智能地服务世界。"互联网带来生产关系的改变，而机器人则带来生产力的提升，因此，我们给自己的定位是创造生产力的企业。"

张亮认为，智绘科技能够充分发挥创新的潜能，与深圳这片沃土息息相关。"深圳能够打造出从草根创业到全球领先的企业，我认为一方面是源于企业的技术底蕴，另一方面是因为深圳具有三方面的优势：第一是天时，目前机器人行业发展势头良好，机器人行业开始'发力'；第二是地利，深圳有其他城市所不具备的强大市场需求，还具有完整的产业链；第三是人和，深圳有'硬科技'的氛围，为企业输送大量人才，同时，深圳市政府有足够的底气，给予企业很多资助。"张亮如是说。

深圳优艾智合机器人科技有限公司创始人张朝辉：找到工业移动机器人的生命力

《深圳商报》记者　袁静娴

在 2021 世界人工智能大会上，顺丰全球首发了与深圳优艾智合机器人科技有限公司（以下简称"优艾智合"）共同研发的智能盘点解决方案。该方案应用自主移动机器人（AMR）及升降装置，盘点机器人能够在近 3 万平方米的仓库里，对高达 15 米的货架物料完成自主盘点，仅耗时 11.5 小时。

研发这款盘点机器人的优艾智合，其创始人张朝辉是一位 90 后理工科博士。2021 年，他入选

2021 福布斯亚洲 30 岁以下（U30）精英榜。张朝辉接受记者专访，解答为何与深圳结缘。

"深圳，我们来了"

优艾智合是张朝辉的第一次创业。

2016 年前后，还在西安交通大学攻读机器人学博士学位的张朝辉，因研究深入到机器人应用落地产业实际，了解到一些机器人应用落地中的痛点。2017 年 5 月，在导师和校友会基金的支持下，张朝辉与 4 位小伙伴秉持用移动机器人助力产业升级的想法，在西安成立优艾智合机器人科技有限公司。

本打算扎根西安的优艾智合，成立仅月余时间，便收到硬件创业加速器海客思（Hax）抛来的橄榄枝——邀请优艾智合团队入驻位于深圳的孵化器。

在张朝辉的印象里，深圳是一座具有较强的开放性和包容性的城市，是众多人才的重要聚集地，培育着百万家科技创新企业，且具有全国知名的华强北电子市场等，为机器人行业提供了便利的供应链采购条件和高效的物流服务。于是，张朝辉团队决定南下。"深圳，我们来了。"张朝辉对自己说。

自此，深圳优艾智合机器人科技有限公司正式诞生。

2017 年 11 月，优艾智合打造出全球第一款商用车辆巡检机器人。该机器人有 3 个核心模块：自主导航移动平台、多关节机械臂、轮胎探伤检测传感器。它主要解决了当时公共交通车辆轮胎检修无法高频检修等行业痛点。很快，这款机器人就收获了全球轮胎巨头米其林的百万元订单。

"踩坑"中找到转型新方向

机器人商用落地方向是张朝辉创业遇到的第一个瓶颈。

抱着"通过移动机器人技术帮助传统产业实现数字化和智能化升级"的想法，张朝辉的团队虽然研发出商用车辆巡检机器人，却在机器人商业应用的落地方向上遇到了瓶颈。"我们的产品虽然不差，但在客户那里算不上刚需，未来的市场空间就比较有限。"张朝辉回忆道，此时公司面临着转型的问题，这不仅意味着此前一年多的努力白费了，还面临着研发资金紧缺等难题。

在数次激烈的讨论之后，张朝辉和团队最终确定"还是专攻自己擅长的方向"，如细分工业场景里的移动机器人应用等。张朝辉回忆，筹集不到资金时，为了渡过难关，合伙人就拿自己的积蓄垫付周转，还有不少员工拿出真金白银支持公司发展。"创业公司在早期经历再大的困难都很正常，但真正能挺过来的，一定是整个团队团结一致努力干的企业。"

2019年，优艾智合成功迎来转型后的第一个客户。同时，之前得到优艾智合帮助的企业也纷纷找上门来。在反复的实践调整中，优艾智合逐步锁定了泛电子制造行业和能源行业。

深入场景找到机器人的生命力

在张朝辉看来，只有深入场景才能迸发创新活力，获得持续的生命力。因此，优艾智合以车辆巡检维保为契机，切入千亿级的巡检运维市场；随着业务的持续深入，优艾智合又从智能巡检领域延伸至工业物流领域，形成双轮驱动的发展格局。

目前，优艾智合已形成了工业物流、智能巡检维保、智慧能源三大业务板块，并以此为各行业提供专业的移动操作机器人解决方案，满足不同行业的定制化需求。其中，在工业物流场景中，优艾智合布局电子产业链的多个环节，从上游的晶圆制造、芯片封测，再到下游的表面组装技术（SMT）、模组加工等，均有涉猎。

在电力运维场景，优艾智合针对火电厂打造全场景的智能运维解决方案，通过部署智能巡检及操作机器人，实现从输煤皮带、锅炉主厂区、汽机主厂区、配电间、化水间到升压站的全场景覆盖，机器人可完全自主地完成整厂的巡检任务，采集所有设备及仪表的状态数据，助力建设智慧电厂。

交付项目"零烂尾"

在优艾智合交付的 100 多个项目中,烂尾的项目数量为零。"'零烂尾'不仅是我们对客户负责,更是对自己负责,因为我们发自内心地认可自己所做的事情。"张朝辉说。

2021 年 6 月,优艾智合宣布完成新一轮近亿元融资。该轮融资的领投方是软银亚洲;同时,海纳亚洲(SIG)、蓝驰创投等老股东继续跟投。张朝辉透露,本轮融资资金将用在产品开发、市场拓展尤其是海外市场方面。

张朝辉表示,如今,工业移动机器人迎来了最好的时代,但他并不急。"我们相信,未来移动操作机器人的爆发已经在今天的布局之中。"张朝辉说。

深圳蓝胖子机器智能有限公司 CEO 邓小白：
要做用科技改变生活的『哆啦 A 梦』

《深圳商报》记者　吴吉

　　拥有神奇法宝的哆啦 A 梦，是很多人童年时最羡慕的对象。那么，随着科技的发展，人类是否也能拥有哆啦 A 梦般心想事成的超能力？

　　怀揣着这样的梦想，深圳蓝胖子机器智能有限公司（以下简称"蓝胖子"）于 2015 年应运而生。在接受记者采访时，蓝胖子创始人、CEO 邓小白说，"蓝胖子"这个名字寄托了公司的初心与追求——科技改变生活。

蓝胖子源于科技改变生活的初心

创业前，邓小白在物流业深耕多年，张浩（现蓝胖子首席技术官）有着在机器人领域深厚的积淀，他们联合创业，自然而然地将物流场景解决方案作为创业方向。"我们毫不犹豫地将公司的总部设在了深圳，因为深圳是一个创新氛围浓厚的城市，政府对于创新创业的支持很实在，是干事创业的最佳选择。"

回首创业初期，邓小白用"无知者无畏"来形容自己和伙伴。"我们有各自的优势，但大家把优势结合在一起，就可以快速看到成果了吗？不是这样的。研发需要时间，我们还需要很长时间的等待。等你研发出新技术了，可能市场需求又变化了。市场充满了变数，无法预知。"邓小白说，创业就是凭借一腔热情勇往直前，思前想后反而无法迈出这一步。

蓝胖子创始人

事实也证明，创业需要热情，更需要耐心。

蓝胖子的业务是为物流业进行技术赋能，创新运用多种人工智能技术及软硬件应用，为物流、快递、电商仓储、海/空港等场景，提供包含分拣、运输、码垛、入库、装载等环节的一站式解决方案。在物流业数字化转型已成不可逆转之势的今天，这些技术是企业必须拥有的。但在2015年之前，这些理念显得过于超前。

一边埋头搞科技研发，一边通过服务海外用户了解行业痛点，同时积累业内口碑，邓小白说，这个"熬"的过程持续了5年之久。直到2020年，整个行业迎来了一次重构，蓝胖子也迎来了加速发展的新契机。

疫情成企业发展重要拐点

邓小白口中的"重构"，指的是突如其来的新冠疫情不仅改变了人们的生活，更为全球经济带来了一次影响深远的"洗牌"。

"疫情对物流业的冲击也很大。一方面，全球都面临缺工的难题；另一方面，'宅经济'促进了电商等行业的发展。谁去完成货物分拣、运输、投递等苦活累活？科技赋能成为物流业的不二选择。"邓小白说，行业的重构意味着伤筋动骨，但因为前期技术积累成熟，疫情期间蓝胖子迎来了前所未有的发展机会。他表示："疫情以来，我们公司的业务实际上迎来了一个爆发点。以前我们的业务主要集中在海外，国内市场对于智能机器人这一块的接受度没有那么高。但也正因为有了在海外市场多年的积淀，我们对于行业痛点有了更精准的了解和把握，使我们得以迅速打开国内市场。今后，我们的业务将实现高速增长！"守得云开见月明，蓝胖子用坚守化危为机。

目前，蓝胖子在全球范围内已拥有数十个知名客户，包括敦豪（DHL）、联合包裹（UPS）、巴斯夫（BASF）、长青集团、微众银行、深圳大学等企业和机构，并与包括中国电信在内的企业达成 5G 机器人研发及应用合作。其中，DHL 于 2021 年 3 月正式宣布了与蓝胖子在全球范围内多条业务线的合作，蓝胖子成为 DHL 在智能机械臂分拣应用领域的唯一合作伙伴，目前已在美国、新加坡及韩国实现落地。

艾瑞咨询发布的《2020 年中国人工智能+物流发展研究报告》指出，2019 年人工智能+物流领域的市场规模为 15.9 亿元，预计 2025 年市场规模将接近 100 亿元。厚积薄发，借整个行业数字化转型的东风，蓝胖子有望驶入公司发展的快车道。

科研是立于不败之地的秘密武器

邓小白说，蓝胖子的核心竞争力是研发。"我们公司 80% 的员工都在做研发，研发投入达亿元。走在科技前端同时又能解决实际问题的研发，才是公司从激烈的市场竞争中脱颖而出的法宝。"

自 2015 年成立至今，蓝胖子做了大量的技术研发投入，在多个行业顶级期刊发表了十余篇论文，并拥有自己的知识产权矩阵，于 2019 年被评为"国家高新技术企业"。截至 2021 年 9 月，公司拥有 173 项专利，其中 PCT 国际专利 44 项，发明专利 56 项，实用新型专利 67 项；其他知识产权方面，蓝胖子还拥有软件著作权 30 项，外观设计专利 20 项。

针对物品在特定空间内的运输，蓝胖子为机器人做了自主导航定位及多机调度协同方面的优化，通过针对物流业场景优化的同步定位与地图绘制（SLAM）技术使得机器人实现自主导航和移动。目前蓝胖子在技术上支持超过 10 万平方米的地图建立，满足定位精度在 ±10 mm 范围内，在正常室内、半室外环境下，无须额外安装反光板或二维码加以辅助，仅依靠建筑物自然轮廓就能实现定位，并可以自适应环境局部变化，极大缩短了部署的时间，交付后无须运维。针对物流集散中心大规模、多设备协同的复杂环境，团队通过算法使得执行多任务的机器人队伍能够实现预先调度，快速得到高效避让、时间最优的协同行动方案，目前可同时调度协同超过 100 辆不同类型设备。

"特别值得一提的是，我们的机器视觉技术能迅速判断物品的角度、姿态，并根据不同的姿态即时生成机器人抓取轨迹，也就是运动规划。"邓小白说。

瞄准未来，以科技助力碳中和

为应对气候变化，我国做出"二氧化碳排放力争于 2030 年前达到峰值，努力争取 2060 年前实现碳中和"的目标承诺。在 2021 年的政府工作报告中，"做好碳达峰、碳中和工作"被列为 2021 年重点任务之一，"十四五"规划也将加快推动绿色低碳发展列入其中。对大型零售企业和海运、铁路运输等每日运输货量极大的企业而言，如何在优化成本的同时实现减排降碳成了一道事关企业发展前途的必答题。

为应对这种需求，蓝胖子人工智能物联网（AIoT）团队研发出了名为"装满满 PRO"的新产品。"装满满 PRO"基于自研 AI 时间、空间多目标优化算法引擎，一站式解决物流环节中的拼柜与装箱难题，不仅可用于海运及铁路集装箱拼柜，还可应用于陆运车货配载、航空打板等场景。更重要的是，"装满满 PRO"率先将"碳排放量优化"指标纳入方案设计中，赋能供应链体系的多个环节，监控每个节点的碳排放量，最大限度地实现经济效益和社会效益的双重优化。

"假设某零售巨头在中国有几十个分拨中心，有 2 000 家店，如何规划一个货物抵达门店的最佳路线？如何实现高效能的存储、摆放？这是一件非常复杂的事情。我们的 AI 团队采用最先进的时空优化算法，用 AI 提供最佳的解决方案，实现对资源利用的最大化。这一技术目前是我们独有的。"邓小白说，在碳达峰、碳中和的背景下，他相信蓝胖子又将抢占一个风口。

而比巨大的市场潜力更让邓小白兴奋的是，蓝胖子正在一点点实现着自己最初的愿景。"我们目前是用机器人来赋能物流和工业，但我们最终的目标是希望可以用智能机器人改变人们的生活，比如在智能家居、养老、社区零售等应用场景中发挥作用。"

"没有人能像哆啦 A 梦一样神通广大、无所不能，但我们希望可以通过科技的力量，让人们的生活更美好。这就是蓝胖子的初心。"邓小白说。

深圳市鑫信腾科技股份有限公司创始人郑国荣：
快人半步，为智能设备做检测

《深圳商报》记者 袁斯茹

郑国荣的办公室里有很多隐藏彩蛋——超大屏显示器、智能会议平板、智能摄像头、全向麦克风等一应俱全，看起来和大部分总裁办公室无异，却又有着些许不同：他所创立的公司虽然不是这些设备的生产商，却在它们走向消费者前，负责质量检测。

2014年，在人工智能和机器人浪潮下，郑国荣成立深圳市鑫信腾科技有限公司，现为深圳市鑫信腾科技股份有限公司（以下简称"鑫信腾"），专注手机、平板、汽车电子等智能终端产品的检测设备研发，并迅速成为该细分领域的佼佼者。

入行源于通信梦

郑国荣表示，进入这行源于自己的一个通信梦。

"作为 80 后，我从小就有一个印象：通信是一件很贵的事。"他说，"我记得那时一部'大哥大'要 2 万多元，家里装一部固定电话也需要好几千元，还得找熟人帮忙。"

当时，无论是通信标准还是用户终端，国内的自主知识产权技术都有不少空白。于是，参加高考时，郑国荣选择了北京邮电大学通信工程专业。"为中国未来移动通信的发展贡献自己的力量"是他的初衷。

毕业后，郑国荣进入北京星河亮点技术股份有限公司（以下简称"星河亮点"）工作。星河亮点被认为是我国 3G① 通信行业早期的"黄埔军校"之一，参与了多项国家标准的起草和制定。

在星河亮点踏踏实实工作了 13 年后，郑国荣来到深圳开启了人生第二份工作：创业。由于经常到珠三角地区出差，他接触到了这里蓬勃发展的通信产业和消费电子制造业，也敏锐嗅到了智能检测装备的发展机会。

"检测是一个宽泛的行业，大到飞机、火箭，小到一个开关、一个灯泡，都需要检测。"郑国荣表示。

检测同时也是一个有深度的行业。郑国荣以人体检测打比方：首先是长痣、长斑等外部特征，对电子产品来说就是屏幕是否有缺陷、声音是否有杂音；其次是内部传感器的功能和质量，就像人的五脏六腑、血液指标；最后，就算一个人拥有健康体魄和完美外表，还需要检查内在精神层面。"比如对于一款手机，我们有 100 多种检测指标来保证它的下线质量。仅手机摄像头，就有数十项检测标准。"他表示。

---

① 3G 指第三代移动通信技术。

无人工厂是未来

成立以来，鑫信腾已建立起服务手机、平板电脑和智能穿戴的一站式自动化解决方案，并于 2020 年实现了设备核心部件及关键算法的自主研发和生产。

谈起创业中的难忘经历，郑国荣提到了 2018 年和小米创始人雷军的一次交流。"当时原定对话时间是 20 分钟，最后我们聊了 2 个多小时，谈到了投资、产业、规划和智能制造的未来。"郑国荣回忆道。

事实上，小米和鑫信腾已建立长期合作关系。如今在小米位于北京亦庄的工厂内，有不少智能设备和系统正是由鑫信腾提供的。"在人工智能浪潮下，制造业不断走向智能化、自动化和无人化。比如原来一条生产线需要近百人，我们的设备只需要 20 余人，加上上下料取放和搬运的工业机器人，就能实现黑灯无人化。"郑国荣说。

"快人半步"保持发展

鑫信腾的发展理念中，有一句"快人半步"。郑国荣表示，过去几年，公司的复合增长率基本保持在 40% 以上，靠的正是这 4 个字。

比如近几年，5G 产业迅速发展，而"多天线、小体积"也成为 5G 设备的基本趋势，这就对检测设备提出了更精准、更多点、更高效的需求。首次收到相关需求的时候，由于 5G 的终端射频和毫米波检测与此前完全不同，鑫信腾也只能摸着石头过河。

为解决技术难题，鑫信腾核心技术人员到客户公司待了几周，甚至创下连续 48 小时没出生产车间的纪录。最终，全新的"5G 终端 PCBA①射频测试设备"和"5G 毫米波射频测试设备"提前研发成功，保证了产品质量和质检效率。

目前，鑫信腾是行业中为数不多的具有检测、组装、自动化整线能

---

① PCBA 指印刷电路板组装。

力及智慧工厂打造能力的企业。郑国荣表示，公司未来要将前端的需求与工厂智能制造、智能仓储相结合，通过5G+工业互联网平台，实现前后端串接、远程监管、智能控制的万物互联智慧工厂新模式。

哈尔滨工业大学（深圳）索维奇智能新材料诺奖实验室成员张嘉恒：离子液体『魔法师』

《深圳商报》记者 吴吉

　　山际见来烟，竹中窥落日。逾 10 平方千米的竹林是河源市和平县大坝镇石井村的独有"财富"，但此前一直"养在深闺人未识"。在哈尔滨工业大学（深圳）索维奇智能新材料诺奖实验室（以下简称"索维奇智能"）成员张嘉恒教授团队的科技助力下，普通的毛竹变身潜力股，村民们不仅实现了就地就业，也拓宽了增收渠道。

　　接受记者采访时，张嘉恒表示，这只是他离子液体领域科研成果的应用场景之一。而未来他要做的，就是让被称为"十大新材料"之一的离子液体焕发出更大能量，演绎出更多可能。

科技助力，从战疫前线到乡村振兴

2020年年初，新冠疫情突如其来，张嘉恒从新闻中看到了医护人员由于长期频繁使用高浓度酒精消毒喷剂和酒精凝胶洗手液，双手出现干燥、起皮、干裂甚至过敏等"酒精手"现象。想到课题组所研发的苦参碱椰子油酸离子液体新材料或许能修护"酒精手"，他坐不住了，立即行动起来。

大年初四，张嘉恒就开始和课题组展开紧急科研攻关，根据调研反馈的需求投入生产。不到10天，课题组研发的第一批消杀产品就捐赠到了珠海市中山大学附属第五医院。此后，张嘉恒与合作企业又为湖北、广东等地捐助了大批消毒抑菌离子液体产品和消毒原料液。

一年时间过去了，张嘉恒课题组研发的此款产品依然在量产，并持续供给到各大医院。他说："从整体反馈来看，产品效果很好，我们现在也在策划如何推向消费市场，让更多的人在保证卫生健康的同时，免去其他酒精和氯基消杀产品带来的困扰。"此外，张嘉恒团队还通过该技术，与顺丰国际和华熙生物等企业开展了产学研的合作。

事实上，疫情催生的防护产品只是张嘉恒科研成果中的一个。2020年6月，索维奇智能与对口帮扶的河源市和平县大坝镇石井村签约了毛竹综合开发利用项目，张嘉恒担任主要技术负责人。张嘉恒团队发明的离子液体活竹提取技术，能够在不砍伐竹子的情况下获取其中具有药用价值的竹叶黄酮天然产物，作为化妆品、食品、药品等原料使用。目前，该项目已经生产出"净乐源"品牌洗手液、洗衣液、免洗凝胶等杀菌洗护产品，并辅以多种中药材生产"轻云"品牌系列草本足浴包，日产量数千包。"石井村的村民们从主动捡竹叶，到参与精密加工，再到创造可观业绩，他们依靠科技力量走上致富之路。我们这一块"战场"虽小，却也为乡村振兴做出了有益探索。"张嘉恒说。

挖掘宝藏，年营业额达 8 000 万元

从防疫前沿到乡村振兴，在张嘉恒手下，离子液体成了魔法棒，变出无限可能。

"的确如此。近年来，离子液体不只是学术领域的研究热点，在工业领域也展现出快速发展的势头，为新材料、新工艺的开发及优化升级提供了可能。例如十万吨级烷基化、万吨级碳酸二甲酯（DMC）、十万吨级电池溶剂等以离子液体为核心技术的大型化工项目，均已顺利实现投产，展现出广阔的应用前景。"张嘉恒说，作为用途广泛的绿色功能材料，离子液体具有结构可设计、饱和蒸汽压极低、不挥发、液态可操作温区宽、低毒性等特点，目前已广泛应用于气体吸附、润滑剂、药物递送、萃取、合成甚至炸药与推进剂等领域。

"每当新的生物材料刚出来的时候，外国人都觉得中国做不出能媲美国外的产品，但我们团队在深圳做到了！"张嘉恒说，在离子液体领域深耕 10 年后，在深圳灵活的人才、资金政策的扶持下，张嘉恒创办了深圳市萱嘉生物科技有限公司（现深圳衫海创新技术有限公司），真正打通了产、学、研这一链条。

"深圳具有良好的市场氛围、创新生态和营商环境，这些能让创新企业迸发出无限活力和生机。并且，深圳十分重视知识产权保护，企业在交易安全及市场运营方面，在深圳更有保障。"张嘉恒很庆幸自己当年选择深圳作为事业的新起点。

目前，他的公司整体发展良好。"我们已申请专利 200 余项，近 3 年累计实现销售收入约 1.5 亿元，2020 年实现了 8 000 万元的营业额，为社会提供了近 300 个工作岗位。"公司也获得了包括国家高新技术企业、全国优秀创业创新项目、"创青春"中国青年创新创业大赛全国赛金奖、广东省"众创杯"创业创新赛金奖等在内的一系列荣誉。张嘉恒说，他要做的就是继续挖掘离子液体这一宝藏。

承袭财富，身兼数职依然乐此不疲

2021 年春节期间，张嘉恒难得地有了一点空闲时间，便发了一条长长的朋友圈。他说："家族的传承不仅仅是财富的传承，更多的是精神，是家族文化的传承，是一个家族历史的沉淀和经验的积累与升华。"张嘉恒所说的"家族"，就是广东梅州大名鼎鼎的留余堂。留余堂在历史上出过 7 位举人，更出过我国著名的化学家、教育家张资珙先生。

作为留余堂的后人，张嘉恒潜移默化地选择了与祖上张资珙先生相似的道路——钻研化学，教书育人。再加上要管理企业，身兼数职的他背负了很多重任，但他乐此不疲。"不管扮演什么角色，科技的发展才是推动整个社会进步的核心原动力，我一直没有忘记这一点。科学家、企业家共同的特质之一就是执着。或许旁人觉得不可能，但他们只要觉得对社会、对人类有意义，就会执着前行、不断尝试。他们心中都有一个信念——自己所做的，一定会让未来更美好！"张嘉恒说，这种精神或许就是家族一脉相承的财富。

也正是源于这份执着，无论事务如何繁忙，张嘉恒始终没有离开过科研一线。他说："我带领着我的博士、博士后、科研人员们在不断探索新的领域。虽然科学研究是一份需要长期坚持的艰苦事业，但只要不断前行，进一寸就有一寸的欢喜。"

深圳兰度生物材料有限公司创始人、董事长兼总经理佘振定：

八年磨一『皮』造福烧伤患者

《深圳商报》记者　刘娥

历经 8 年研发成功兰度 lando 双层人工真皮修复材料，并于 2017 年 8 月获得国家食品药品监督管理总局（现国家市场监督管理总局）批准的Ⅲ类医疗器械注册证，这是深圳兰度生物材料有限公司（以下简称"兰度生物"）的科研成果，也是深圳乃至全国的骄傲。如今，兰度生物的人工皮肤已经造福许许多多烧伤、烫伤的患者，给他们带来了福音。

人工皮肤的研发成功，离不开一个人——兰

度生物创始人、董事长兼总经理佘振定。他主攻材料学、工程学等专业，2009 年从清华大学生物材料博士毕业后，选择来深圳创业，2010 年成立了兰度生物。当时在国际国内市场上，人工真皮修复材料还是一片空白，市场需求很大。佘振定紧盯着这一个点，全力投入该项目的研发中去。如今，凭借一股"仰望星空，脚踏实地"的精神，他把产品核心技术做到了国际先进水平，赢得了医学界的认可。

创业瞄准一个目标

佘振定出生于 1983 年，在 17 岁时考上清华大学，并直接保送攻读博士学位，在 26 岁时博士毕业。作为清华大学与中国人民解放军总医院联合培养的博士，他在医院待了 3 年，每天都要与医生、护士打交道，同时也要面对病人。

彼时，佘振定发现：中国的医院，不少医用耗材是国外产品，国产医用耗材大多是中低端产品，很多高端医用耗材被国外进口产品垄断。这一发现深深地触动了他的内心，他暗下决心要让中国在这一领域能够在国际上有一席之地。

博士毕业后，佘振定来到深圳清华大学研究院，负责生物医用材料及植入器械重点实验室生物材料方向的建设。2010 年，他和清华大学另外几名博士联合深圳清华大学研究院成立了兰度生物，致力于生物医用材料和高端医疗器械的研发和产业化。

创业难。佘振定撸起袖子干，一人兼顾财务、法律顾问、人力资源管理等多重身份。仅仅是厂房，他就跑遍了深圳的各个区，最终看好了一个叫观澜的地方，确定好价格，交了两个月的房租。但由于缺少实际经验，厂房的高度不够，无法装下研发设备，他只能硬着头皮找到房东请求退租。

支撑佘振定和团队一路走下来的，是情怀和初心。创业初期，团队不少人每月的薪水只有五六千元，而以他们的学历和能力，去别的公司轻轻松松就能拿到三五十万元年薪，而他们却选择为了理想而坚守。

八年磨一张"皮"

人工皮肤研发的意义重大。2018年9月，中国社会福利基金会秘书长缪瑞兰在某次会议上介绍，中国每年有2 600万人发生不同程度的烧烫伤。在此之前，仅欧美等少数国家掌握了该项技术，中国没有自己自主研发的人工皮肤。

据了解，人工皮肤是利用材料工程学和生物学的原理和方法，在体外人工研制的皮肤代用品，用来修复、替代缺损的皮肤组织，保护伤口免受感染，促进结缔组织的生长。

它最关键的原材料之一是从牛跟腱里提取的高纯度胶原，这是一种与人体真皮最为接近的成分。兰度生物研发的人工皮肤分上下两层，上层能起到阻菌透气防水的作用，下层是三维多孔结构，可引导血管和真皮细胞快速长入人体内，而且下层会随着人体自身皮肤的再生而逐渐降解，最终形成柔软的真皮组织。

这样一个看起来完美的产品，研发起来并非易事。产品的每一个细小的工艺，包括加工工艺、灭活工艺等，都需要无数次的探索、修改和试验。很多时候，佘振定和同事们都要通宵做实验，进行一次又一次的尝试。仅仅是为了保证从牛跟腱提取的高纯度胶原的高品质和稳定性，佘振定的团队就花了3年多时间来做研发。

天道酬勤，历时8年，兰度生物人工皮肤最终得到国家市场监督管理总局的注册认证，同时开始在全国大范围临床使用。兰度生物人工皮肤的面世，标志着我国的这项产品的技术和临床效果都处于世界前沿水平。

科技创新回馈政府和社会

佘振定回忆称，在8年的研发过程中，兰度生物共计投入了研发经费6 500多万元，加上厂房租金、工人工资等支出，公司曾面临巨大的资金压力。"在最需要资金支持的时候，我们领取到了'减税降费大礼包'。"佘振定说，只要是获得认定的高新技术企业，都会获得相应的支持。公司发展到今天，前前后后获得了深圳市及各级政府近 2 000 万元的资金扶持。

回首创业历程，他深感不易："做医用耗材跟做药一样，风险高、研发周期长、投入资金大。我们这个行业要耐得住寂寞，还要突破得了资金和技术瓶颈。"

所幸的是，向来追求卓越的兰度人，在仰望天空的同时，坚持脚踏实地，最终熬了过来。而且，人工皮肤广阔的应用前景，给兰度生物带来了无可限量的发展空间。佘振定如此阐释"兰度"的来由——兰度的英文名是 land do，取"脚踏实地"之意。"兰度人就要在仰望天空的同时，脚踏实地，把产品做到极致。"

在佘振定看来，创业的成功离不开深圳市政府的支持。展望未来，他对公司发展充满信心，并坚定了要用科技创新助力城市发展的决心。"深圳是一片创新创业的热土，政府各方面的支持力度很大，尤其是国家密集出台减税降费政策，更加坚定了我们深耕高端生物医用材料领域的信心，我们一定能为国际国内客户提供更多物美价廉的好产品，回馈政府和社会。"他说。

哈尔滨工业大学（深圳）材料科学与工程学院赵维巍：步履不停才能不断领跑

《深圳商报》记者　吴吉

2021 年春节前，哈尔滨工业大学（深圳）材料科学与工程学院赵维巍教授的生活节奏一如既往地忙碌。他所研究的柔性印刷电子技术被称作"新时期的颠覆性技术"。"正因为前沿，所以很多技术还有待完善，很多问题亟待解决。今年就不回老家了，我和团队成员都响应'留深过年'的号召，就在深圳过春节啦。科研必须争分夺秒，留在深圳，我们还有很多事情要做。"赵维巍说。

别人听到的是春节临近的锣鼓声，但在赵维

魏及其团队成员的耳中，那是时钟急促的滴答声。

以颠覆性技术解决物联网产业痛点

为什么赵维巍这么拼？这要从他回国的初心说起。

"当时我正在美国宾夕法尼亚州立大学工作。有一天看到新闻说：中国工业和信息化部调研发现，重大领域130种关键基础材料，32%在中国仍为空白，52%严重依赖进口。当时我的内心久久不能平静。"赵维巍说，那些数据刺痛了他，当时只有一个念头——自己练就的一身"武功"，必须施展在祖国的舞台上。

2016年，赵维巍毅然回国，在深圳开启了全新的科研道路。而回国后，他选择柔性印刷电子技术作为自己的科研方向。"我认为中国要解决最关键的'卡脖子'问题还是材料问题。"赵维巍说，选定这个研究方向是自己多年来积累的"水到渠成"。同时，他也希望用自己所学解决国家自主创新、源头创新的问题。

以物联网及射频识别（RFID）电子标签为代表的新兴信息技术被认为是开启第四次工业革命的钥匙，但传统的RFID电子标签一直受到成本高、污染大等因素的制约。经过几年的攻关，赵维巍团队研发出了低成本、高导电性的印刷电子浆料，并利用该导电浆料实现了物联网关键传感器件绿色环保RFID电子标签的低成本批量化制备，成功解决了成本高、污染大等问题。他们研发的柔性印刷电子技术生产工艺简单、原材料损耗较小，同时也可以实现大面积、轻质、柔软化、低成本生产，印刷工艺常温即可实现。作为环境友好的绿色制造技术，它也避免了化学蚀刻工艺带来的废液排放问题，通过采用降解性良好的基材，彻底解决"电子垃圾"问题，可为物联网技术应用于我国工业4.0过程中贡献关键技术力量。

时间不等人，科研无止境

赵维巍这么拼的另一个原因，就是科研领域存在不进则退的紧迫感。

2019年，赵维巍推动创立了哈尔滨工业大学孵化的第一家学校参股企业深圳市哈深智材科技有限公司，成为学校成果转化的标杆性代表。经过近2年的努力，公司已经实现了低成本绿色环保RFID射频电子标签的批量化生产。RFID射频电子标签能起到标识识别、物品跟踪、信息采集的作用，已被应用于诸如工业物联网、农业物联网、商业自动化等众多领域，所以公司发展良好，已在韶关建立工厂实现规模化生产，可实现2亿张环保型RFID电子标签年产能力（年产值3 000万~5 000万元）。

科技大潮瞬息万变，不持续地更新迭代、攻坚克难，"领跑"也会变成"跟跑"，甚至被甩开。赵维巍深知这一点。"未来2~3年，相信该技术将会与深圳工业化4.0全面推进的步伐同频共振，为我国物联网这一战略性产业发展提供技术支撑。"赵维巍说，正是出于这种使命感，让他不敢有丝毫懈怠。

虽然成立了公司，但赵维巍给自己的定位依然是科研人。"我在公司没有任职，不参与公司运营。公司聘请了专业的运营团队，而我对公司的主要贡献还是在技术引领和技术攻关方面。柔性印刷电子技术毕竟还是新兴领域，仍有大量的基础问题以及产业转化方面的关键问题亟待解决。比如，如何使印刷电子电路具有更高的印刷精度等，这些涉及了材料、工艺、设备一系列的技术挑战。我下一步的计划，是继续在该方向努力攻关。"

年轻的团队与年轻的深圳同频共振

赵维巍这么拼，还因为年轻的他带着年轻的团队，在年轻的深圳找到了奋进的节奏。

2020年12月，赵维巍从1 000多位候选人中脱颖而出，获评"十大深圳好青年"，成为教育领域的唯一入选者。此前，他带领的团队获评"海外高层次人才创新创业团队"时，平均年龄仅有34.5岁。"年轻有为"成了赵维巍及其团队的标签。而赵维巍说，这一切都要感谢自己当年选择了深圳。

"继硅谷之后，深圳成为新的'科技和产业'无缝对接的城市，也是集'基础研究+技术攻关+成果转化+科技金融+人才支撑'创新链条全要素于一身的城市。"赵维巍说，基于这些认识，他选择将回国后的事业起点放在了深圳，离创新创业更近，离产业前沿更近。事实证明，深圳没有辜负赵维巍的期待。在这里，他体会到了干事创业的激情，更用一项项科研硕果回应着"创新之都""科学之城"的呼唤。

2021年春节，赵维巍接到邀请，参与了"深圳是我家"活动。这是深圳一项针对青年的活动，各界青年齐聚一堂，与市领导一起欢度春节。赵维巍激动地说："这是深圳对人才、对青年的尊重，让人温暖。我的成长，可以说是与深圳同步的。能获得一系列荣誉，既让我感受到了深圳唯才是举的包容和活力，也让我感受到了沉甸甸的责任。深圳年轻人多、创业者多，激情澎湃。我非常愿意和这座城市同频共振，同步前行！"

深圳市创想三维科技股份有限公司创始人陈春：
每 8 秒卖出一台 3D 打印机

《深圳商报》记者 袁静娴

3D 打印产业被视为疫情下逆势增长的黑马。国家统计局数据显示，2020 年，规模以上高技术制造业增加值比上年增加 7.1%，很多产品需求量大幅增长，其中 3D 打印设备增速达到 1 倍以上。深圳 3D 打印企业也交出了亮眼成绩单。2020 年 4 月，深圳市创想三维科技股份有限公司（原深圳市创想三维科技有限公司、深圳市博领达科技有限公司，以下简称"创想三维"）曾创造"半个月海外订单 16 万台，每 8 秒就卖出一台"的业界神话。

"海外市场火爆，但我们对 3D 打印的国内市场也坚定地看好。"接受记者专访时，创想三维创始人陈春如此表示。

3D 打印为供应链提供新可能性

2020 年，新冠疫情在全球蔓延，线下流通渠道受限，全球供应链受阻，口罩、护目镜等防护物资紧缺，人们在家办公娱乐，这对创想三维乃至整个 3D 打印产业来说都是个机会。"3D 打印为解决全球供应链难题提供了全新的可能性。"陈春说。

2020 年 2 月 8 日，创想三维向全球共享了其开发的 3D 打印口罩和护目镜开源文件，引来海量用户下载。3D 打印的快速、小批量、无模具、柔性制造、按需生产等特征，被越来越多人看中，一方面，大家用 3D 打印机来打印防护物资，或把 3D 打印机作为一种家庭娱乐设备；另一方面，3D 打印也作为生产设备，被用来打印汽车和飞机的零部件等。"一个海外工程师的家里有三五台 3D 打印机，这是很平常的事情。"陈春说。

2020 年，创想三维逆势增长，一路高歌猛进，产品远销海外，出货量突破 100 万台，创造了新纪录。陈春透露，2020 年创想三维的销量增长两倍，销售额增长 2.5 倍，其中 90% 以出口为主。

据南极熊 3D 打印网统计，在已披露的 2020 年相关业务营业收入过亿元的 28 家 3D 打印企业中，创想三维以超过 10 亿元营收位居消费级 3D 打印企业第一。2021 年 4 月，创想三维已收获超 120 万用户，发布了近 70 款 3D 打印机。7 年里，创想三维的 3D 打印机，从深圳走向了 192 个国家和地区。

要在国内普及 3D 打印

创想三维成立于 2014 年，公司总部位于深圳市龙华区。包括陈春在内的 4 位创始人，在成立创想三维之初曾立下志愿：要在国内普及 3D 打印，做 3D 打印产业的布道者。

陈春表示，疫情暴发以后，3D 打印机走入人们的生活，但很多人可能只是听说 3D 打印这个概念，仍不知道 3D 打印的作用以及能解决什么问题，3D 打印的市场普及还有一个非常漫长的过程。在技术方面，就消费级 3D 打印机而言，国内 3D 打印企业技术与国外差距并不大。"关键在于我们是否能提供一个海量模型库，让用户在外面看到一个东西，回家就能用 3D 打印机做出来，即提高 3D 打印机的实用性，而不是仅提供几个模型，让 3D 打印机沦为一次性玩具。"

陈春介绍，也正因此，创想三维搭建了创想云平台。一方面，3D 打印机企业得以通过云平台搭建起海量模型库，简化用户获得模型的方式，让消费者不需要花费太多时间，开箱即用；另一方面，陈春也希望，更多的 3D 打印专业用户可以在云平台上互相交流与分享，以此吸引更多新用户，进一步拓展市场。

看好国内 3D 打印市场

从 1986 年世界上第一台商业打印机出现开始，至今已有 30 多年。在陈春看来，这个时代给了 3D 打印一个很好的机会。目前，3D 打印已经渗透到人们的衣食住行，小到眼镜框、口罩、鞋子，大到航空航天、汽车 3C、珠宝与工业设计等领域，甚至在医疗行业，人们已经开始用 3D 打印机进行细胞培养、骨骼移植等。"3D 打印行业没有天花板，它不断和各行各业产生更多联系，只会是'1+ N'的关系。"陈春说。

不过，陈春也直言，"3D 打印机想要真正走入千家万户，至少还需要 10 年。"在他看来，当前，海外市场对 3D 打印的接受程度明显高于国内市场，比如美国大概有 5% 的家庭已经开始使用 3D 打印机，而国内可能连千分之一还不到。

尽管如此，陈春再三向记者强调，他对国内市场仍无限看好。"我们国内的销售团队和国外的销售团队，人数比例一直接近 1∶1，国内的销售团队创造的产值只有 15%，但我们坚定地认为国内市场未来有巨大的增长空间。"

陈春表示，近几年，越来越多的学校开始增设 3D 打印课程或专业。"这一代小孩早早就在学校接受创客教育，他们对 3D 打印的认知会逐渐超过我们，当他们走入社会后，会成为带动 3D 打印产业发展的一部分，越来越多人了解并懂得 3D 打印，这或是 3D 打印机走入千家万户的一个基础。"陈春说。

深圳市海川实业股份有限公司创始人、董事长何唯平：

坚韧自律感恩是深圳企业家胎记

《深圳商报》记者　袁静娴

走进位于福田区天安数码城天经大厦的深圳市海川实业股份有限公司（以下简称"海川股份"）总部，看到的是荣获国家科技进步二等奖的部分成果展示：海绵城市建设的重要组成部分生态铺装混凝土、盾构可切削混凝土配筋产品与技术等。这些产品，都是海川股份雄霸市场的看家本领。目前，海川股份的产品已应用在全国数百项重点工程中。

在接受记者采访时，海川股份创始人、董事

长何唯平表示，企业的发展有赖于标准，这是"中国创造"的魅力所在，而自己也将企业使命定位为推动"中国制造"走向"中国创造"。

辞职来深下海

20 世纪 80 年代，在改革开放的背景下，深圳朝气蓬勃的氛围和独特的地域优势，让何唯平向往不已。1990 年，年届而立之年的何唯平不顾家人反对，辞职来到深圳下海经商。

医药是何唯平瞄准的第一个领域。在做医药贸易的几年里，他发现相对西方国家而言，中国的原创药很少，很多药都需要从国外进口，从意向采购到订货有时要 1 年，不仅过程麻烦，价格还十分昂贵，普通老百姓根本用不起。

"药到底为谁服务？为什么是西方企业在控制药的标准？在流通领域能不能有'中国制造'？"很长一段时间里，何唯平一直在思考这几个问题。直到有一次，他所在的公司与德国某知名公司做生意，对方却过河拆桥。这件事深深刺激了何唯平，让他意识到企业制定标准的重要性。"我发现，德国在 19 世纪初期还是相对落后的西方国家，但是 20 世纪初发展成为能与英国和法国匹敌的强国，这是与德国实施标准化建设战略分不开的。"何唯平说。

1995 年，何唯平放弃利润丰厚的贸易代理工作，创建了海川股份，决定实施标准化建设，走实业发展的道路。

会当运动员，也要会当教练和裁判

海川股份是一家以低碳工程材料、环境给排水处理技术、数字色彩技术为研发目标的企业。"一流企业卖标准，二流企业卖技术，三流企业卖产品。"何唯平常把这句话挂在嘴边。他给海川股份定下的目标很高：要打造技术研发的平台，更要实施标准化战略。

标准具体怎么制定？何唯平那时虽没有实战经验，但医药代理的经历让他决定在技术和专利上进行深耕。"想用专利抢下市场话语权，创新是核心，人才是关键。"何唯平回忆道，海川股份创立之初虽然经历了很多困难，但很庆幸自己选择在深圳创业。因为在改革开放背景下，深圳的企业有机会和海外机构合作，并引进海外人才资源，同时还能从全国聘请有实战经验的老师和专业人才，精准对接市场需求。

2003 年，经国家人事部（现人力资源和社会保障部）批准，海川股份成立了博士后科研工作站。同年，海川股份就申报专利 152 件，其中发明专利 117 件，约占总数的 77%。到 2007 年，海川股份的专利申请量已经排名全国第七、广东省第五；2012 年和 2013 年还先后获得了中国专利奖和国家科技进步二等奖。"这是令人骄傲的成绩。"何唯平说。

此时的海川股份在行业内已经小有名气，但对何唯平来说还是不够："我们既要当运动员，也要当教练和裁判。"何唯平口中的"运动员、教练、裁判"，对标的是"技术专利化、专利标准化、标准产业化"。

何唯平在标准制定蓝图上安营扎寨，第一个领域是颜色体系。"颜色涉及每个人的心理感受，明度、色调、彩度不一样，给人带来的视觉效果也不一样，但当时我国并没有统一的颜色体系标准。"何唯平带着海川股份的技术人员，很快就编制了国家标准 GB/T 15608—2006《中国颜色体系》和 GSB 16-2062—2007《中国颜色体系标准样册》。2002 年，海川股份成为第一个具有中国建筑色彩体系标准及相关技术产品自主知识产权的企业，在行业标准里一炮而红。

"我们从开始研发到制定标准花了 8 年时间，研发投入占销售收入的 6%，需要耗费大量的时间和精力，一般企业没有这个耐心。"何唯平表示，在制定标准上，自己是个非常有韧性的人。

有一次，海川股份代表中国与日本联合竞选国际标准化组织——水再利用技术委员联合秘书处。"我们交了很厚的英文材料，经过了多轮投票。在美国不认同我们的情况下，很多成员国被我们的专业和诚意打动，我们最终还是成功了。"说起当选的过程，何唯平颇感自豪。

目前，海川股份已先后代表中国承担了 2 个国际标准化组织技术委员会、2 个国际标准化组织分技术委员会秘书处或国内联合秘书处工作，5 个国际标准化组织工作组的召集人或秘书处工作，6 个国内标准化技术委员会或分技术委员会或工作组的秘书处工作，先后主持、参与编制或修订的国家、行业标准共 99 项，其中国家标准 49 项。

深圳创业环境特别好

聊起创业体会，何唯平说："在深圳创业是幸福的。"他眼中的深圳，由来自大江南北的人组成，大家敢闯敢拼、大胆创新、多元包容，这是深圳人的特点，也是深圳企业的特点。何唯平表示，在深圳创业这些年，他最大的感受就是政府给予了企业充分的自由和政策关怀。

"在深圳成长起来的企业家，都有着坚韧不拔的精神和自律的意识，以及懂得感恩的情怀，这是深圳企业家的胎记。"每当有人想向何唯平讨教创业经时，他就告诉他们，创业肯定会遇到资金、人才、市场、研发等诸多困难，但日子总要过，饭总要吃，只要你坚持和努力做好每一份工作，就能实现人生最大的价值。

在何唯平众多的身份中，让他最自豪的是深圳人。在何唯平看来，深圳人的身份伴随着一种使命感。"作为深圳的一分子，我常说，我最大的自豪都是来自身边的人。"何唯平相信，在深圳人的共同努力下，未来20年，深圳一定会成为国家乃至国际上重要的国际化城市之一。在深圳树荫下成长的海川股份，将来不仅有望成为百年老店，更能够以承担国家和国际标准化建设为使命，推动行业的可持续发展，推动"中国制造"向"中国创造"发展。

深圳市东方硅源科技有限公司董事长丘智林：创业如同西天取经

《深圳商报》记者 袁静娴

"我在深圳的根，是新洲路边的一间出租屋。在那里诞生的一间实验室，便是我的创业起点。"接受记者采访时，深圳市东方硅源科技有限公司（以下简称"东方硅源"）董事长丘智林如此表示。

东方硅源的主打产品，叫防眩光玻璃。在全球的大尺寸智能交互平板行业里，丘智林的企业占据了七成市场份额。看起来颇为陌生的防眩光玻璃，其实就是日常生活的一部分，比如我们想在强光下清晰地看到电子屏幕显示的内容，就要在玻璃盖板上涂一层特殊的防眩光涂层，以减少屏幕反光，从而保护我们的视力。

从出租屋起步，到成长为行业第一，董事长丘智林坦言：创业就像是西天取经，自己因为偶然的机会加入取经之列，虽然一路困难重重，但最终总能找到出路。

初创：难忘出租屋与绿皮火车

"我的创业初期，难以忘怀的有两样，一个是出租屋，一个是绿皮火车。"丘智林如此表述。

出租屋是起点

1997年10月，丘智林从广州来到深圳，找了两个小伙伴，一起在福田区的新洲路租了一间小房子，将其命名为"高科技光学材料研究室"，开始光学涂布材料的研发与实验。

萌发创业的念头，和丘智林的工作经历有关。1987年，丘智林从广东工业大学毕业，在广州从事有机硅外贸生意。几年后，他结识了一位在三星显像管生产部门（SDI）工作的韩国朋友。从这位朋友口中得知，在电视机显像管的生产过程中，需要涂一层光学涂层。当时国内的十大彩管企业，占据了全球彩色显像管出货量的80%，而使用的光学涂层材料都需要从国外进口，一方面价格昂贵，另一方面进口的时间不可控，导致交货期不稳定。

"如果能自主研发出涂层材料并供应给这些企业，那么这将是一个巨大的市场。"丘智林说，当时国家科教兴国的发展战略刚提出不久，社会上创业热情高涨，有技术的人纷纷选择创业。于是，他一拍桌子，决定下海。

绿皮火车是磨炼

实验室的牌子挂出去了，但是实验室的设备却成了创业路上的第一个拦路虎。"当时深圳一套房才30万元，而一台做实验的设备要400万元，对我们来说无异于一个天文数字。"丘智林回忆道，"没办法，房子租了，技术人员也有了，咬牙也得想办法进行。"为了曲线救业，丘智林向国内显像管生产企业挨个寻求设备支持，最终与彩虹集团有限公司

（以下简称"彩虹集团"）达成协议：彩虹集团解决实验设备，实验成果必须优先供应给彩虹集团。

设备有了，磨炼才刚刚开始。当时，丘智林和小伙伴每做完一次涂布材料实验，都必须送到陕西咸阳做试验样品，然后再去测试是否合格。他回忆："从深圳到咸阳，坐绿皮火车要 26 个小时。周四去，周一回，周周如此，一坐就是两年。"

成长：创业经历一波三折

"创业就像西天取经一样，不会让你太简单到达终点。"谈起成长，丘智林感慨万千。

绿皮火车的里程不断延长，实验室的第一个产品在 1999 年 6 月终于面世，名字叫阴极射线管（CRT）电视显示管防眩光光学涂层材料。"不算成功，就是起了个头。"丘智林表示，研发成果得到了彩虹集团的肯定，但量产就得建厂，而此时积蓄所剩无几。所幸的是，首届中国国际高新技术成果交易会 1999 年 10 月在深圳举行。"我们的项目一下就被茂名市政府看中"，丘智林回忆道，"在广东省经济贸易委员会引资、茂名市政府全额资助下，防眩光光学涂层材料生产基地很快在茂名落户。"

作为显示屏行业的配套企业，丘智林很快感受到了技术迭代的冲击。2005 年前后，液晶电视开始替代厚重的 CRT 电视，用于 CRT 电视的防眩光光学涂层材料的市场空间也变得越来越小。为了突破经营困境，丘智林尝试进军太阳能玻璃行业，但最终没有取得很好的市场反馈。

丘智林把自己的创业经历比喻成一波三折。CRT 电视的黯然退场，是丘智林经历的第一次事业起伏，而第二次起伏也随即来到。2007 年，苹果手机横空出世，开启了触摸屏电子设备的全新时代。这让丘智林再次看到商机——启动触摸屏防眩光玻璃研发。丘智林成立了深圳市东方硅源科技有限公司，用了 3 年多的时间，研发出适用于手机显示器的防眩光涂层。

与之前的氢氟酸工艺相比，东方硅源的工艺既环保，又容易量产。

丘智林说:"我相信,它一定会在短时间内被行业接受,并推动行业做出全新的改变。"然而,市场无情地给了丘智林迎头一棒。在推广防眩光玻璃的前两年里,没有一家公司愿意接受这个工艺,市场接受度近乎为零。

从大屏转战小屏不尽如人意,丘智林却在小屏转战大屏中找到破局之路。听说了丘智林的新技术后,广州一家科技企业主动抛来橄榄枝,希望东方硅源尽快提升技术,让防眩光玻璃可以应用于大尺寸显示器。丘智林决定再赌一次,研发大尺寸交互平板防眩光玻璃。这一次,他成功了。2014年,公司在东莞组建防眩光玻璃生产线,开始量产防眩光玻璃,随后陆续迎来了微软、思科、戴尔等国际知名品牌客户。至此,东方硅源迎来智能交互平板全面使用防眩光玻璃的新时代。

"防眩光玻璃的诞生为智能交互平板行业的爆发提供了物质基础,也完善、提升了行业标准。"据丘智林介绍,现在行业内光学玻璃以及对应测试设备的部分标准,都采用了东方硅源的建议。此外,东方硅源推出了抗菌玻璃,成功研发了抗光投影荧幕,还从奥地利引进了亚洲第一台气浮强化设备,东方硅源的目标是提供全亚洲最薄的安全玻璃。

感悟:深圳有最好的创业土壤

目前,在智能交互平板行业的防眩光玻璃市场,东方硅源的出货量占据75%的海外市场份额和60%的国内市场份额。从新洲路边的出租屋起家,东方硅源已经成为行业的全球技术领导型企业。

丘智林把成功总结为两点:一是环境,因为选择在深圳创业;二是性格,因为自己勤快、吃苦耐劳。

"创业一定要来深圳。"丘智林表示,首先,如果你手上有过硬的技术,看好行业前景,那么深圳良好的氛围将会给予你极大的动力;其次,要有吃苦耐劳、专注的精神。"搞研发的人是孤独的,特别是做材料研发的人,只能靠自己。"在丘智林看来,机会总是留给有准备的人,只要你技术搞好了,又能抓住市场的机会,就一定会成功。

对于企业的未来,丘智林已经绘制好蓝图:配合行业产业升级,使中国人屏触控行业稳居全球第一；保持公司的技术领导地位，打造全球最大的智能交互平板防眩光玻璃企业；突破化学强化产能严重不足的瓶颈，减少化学强化对环境的污染。

库基生物科技（深圳）有限公司创始人余广滔：
小虫子里的大梦想

《深圳商报》记者　钱飞鸣　袁静娴

"别怕，它们都已经风干，不会动了。"余广滔指着 3 个大玻璃瓶如此介绍。玻璃瓶里是余广滔眼中有着大梦想的小虫子——黑水虻，3 个瓶子对应着 3 个成长阶段：幼虫、蛹、成虫。

余广滔是库基生物科技（深圳）有限公司（以下简称"库基生物"）的创始人，公司的办公地点位于前海深港青年梦工场，用昆虫生物技术来处理有机废物是库基生物的核心技术。记者实地探访，余广滔一再重复黑水虻的"工作原理"：

黑水虻一生短暂但辉煌，被人类寄予了厚望。

公司取名源自羧基

记者：您的创业主角是黑水虻，它有何神奇之处？

余广滔：黑水虻原产于美洲，现已广泛分布于南北纬40度之间，如广东、广西、贵州、台湾等地。黑水虻幼虫不挑食，牲畜粪便、动植物残体、餐厨垃圾、食品工业废料都吃，饲养成本很低。与此同时，黑水虻吸收转化率高，能够转化成高价值的昆虫蛋白饲料。

从卵开始算起，黑水虻在适宜环境里35天就走完生命周期。一对黑水虻可产卵近千粒，1千克虫卵孵化的幼虫10天可以消耗5吨厨余垃圾，产出1吨商品化鲜虫以及3吨有机肥料。

记者：黑水虻的"工作原理"是什么？

余广滔：垃圾收集分类并发酵制料后，就可以让黑水虻幼虫参与垃圾处理。黑水虻的价值体现在三部分：吃掉垃圾、制作饲料原料、制作有机肥料。具体而言，幼虫会把吃掉的垃圾在体内转化成昆虫蛋白，体外排出的昆虫粪便可以二次堆肥，变成虫粪有机肥销售。幼虫被风干后，可以作为虫体饲料原料销售。

记者：公司名称"库基生物"有什么特殊含义？

余广滔：库基的英文名是Cooh Science，Cooh在有机化学里代表羧基，羧基是所有蛋白质里必有的一种化学物质。此外，Science也代表我们想做一个蛋白质科技公司的愿景。让黑水虻处理有机废物，消灭垃圾并不是最终目标。我们希望做社会型企业，通过昆虫生物处理技术，让大家看到昆虫蛋白的价值以及对环境友好的可持续性，让大家认识到昆虫蛋白能够逐渐成为人们的食材，并最终可作为传统动物蛋白的替代蛋白之一。

昆虫种子源于航班节目

记者：用昆虫生物技术来处理有机废物，这一想法源于何时？

余广滔：创办一家社会型企业，为环保与健康贡献一点力量，一直是我的目标。2010 年，我在香港理工大学管理学硕士毕业后，在香港租了一块田地开设有机农场，当时附近的村民都觉得不能理解，为什么一个硕士生要当农民？后来由于经验不足等原因，农场一年后关闭了，我也回到职场工作，但我的目标一直没变。

直到 2013 年，有一次我出差时在飞机上无意间看了一部纪录片《吃昆虫能拯救世界吗》。纪录片讲述的是地球上每个人拥有 40 吨昆虫，如果昆虫蛋白质能够替代传统肉类蛋白质，全球粮食危机有望得到真正解决。从此，昆虫蛋白这个概念就在我心里埋下了种子。

回到香港后，我查找资料发现，联合国粮食及农业组织（FAO）曾发布《可食用昆虫：食物和饲料保障的未来前景》的报告，力推在世界范围内用昆虫替代牲畜蛋白饲料的来源。我当时觉得，这或许是大有可为的方向。2015 年，我一边做着国际贸易的工作，一边开始找懂生物技术的合作伙伴搭档创业。

2019 年，库基生物的项目终于在香港启动和孵化，我们开始为香港环境保护署设计一个模块化项目，用黑水虻处理香港牲畜养殖业的污染问题。这个项目得到了香港环境保护署的认可，这时我们才对自己的项目产生信心。我辞掉原来的工作，开始逐梦最初的目标。

赶上了政策风口

记者：2019 年是黑水虻成功"试水"香港的第一年，您在第二年选择来到深圳，请问您当时是如何考虑的？

余广滔：北上深圳，设立办事处，很早就在我们的规划中。2019 年，我们项目在香港落地不久后，内地开始实行垃圾分类，当时我们就觉得赶上国家政策风口了。

进军内地，需要找到好的渠道。2020 年 9 月，深圳开始推行垃圾分类。深圳是我们很熟悉的城市，此前已经考察过很多次。我们觉得时机成熟了，于是 12 月正式在深圳成立了库基生物科技（深圳）有限公司。

记者：对于前海深港青年梦工场，您如何评价？

余广滔：我们办公的前海深港青年梦工场，在香港创业青年圈子里很出名，我很早就知道这个地方。北上深圳设立公司，我在此过程中发现，梦工场对我们港人的政策很聚焦，前海管理局也给予了我们很多支持，效率很高，上午注册下午便拿到了公章，这种办事效率在很多地方是没有的。我很喜欢深圳，现在正在了解子女的入学政策，准备让太太和孩子也一起来深圳。

可能催生万亿级市场

记者：在您看来，黑水虻的市场空间有多大？

余广滔：黑水虻中国市场无疑是很大的。一方面，现在很多城市正在推行垃圾分类，比如上海每天增加的餐厨及厨余垃圾就从原来的4 000多吨变成了1万吨。另一方面，黑水虻是理想的虫体饲料原料。就幼虫风干样本来看，粗蛋白质高达40%以上，粗脂肪达到15.94%，可以替代国产鱼粉。这两样加在一起，催生的可能是一个万亿级市场。

库基生物前端开发了一套智能化模块化的有机废弃物处理系统，后端则掌握了昆虫生物处理技术，形成了一条完整的昆虫养殖生产生态链。目前，我们计划在广东和海南建立虫卵培育基地，掌握种虫繁育技术。

记者：您说了黑水虻的前景，那么库基生物的前景呢？

余广滔：国内虽然也有别的团队在研究黑水虻，但我觉得我们的机会还是很多的。库基生物与东莞松山湖的合作洽谈进展顺利，很快就能敲定细节。此外，我们与深圳合作的项目也正在洽谈，很快就会推出首个示范项目。项目运作成功后，我们希望以此立足大湾区，将成功模式快速复制到内地更多城市以及海外市场。

深圳市绿航星际太空科技研究院理事长潘占春：由天入地播撒航天种子

《深圳商报》记者 刘娥

深圳市绿航星际太空科技研究院（原深圳市太空科技南方研究院）理事长、深圳市科技传播促进会（以下简称"促进会"）会长潘占春结缘深圳已多年。从承载着国家飞天梦的中国首批航天员之一，到致力于推动科技成果转化的科技传播者，再到为青少年筑梦的科普工作者，他由天入地，广泛播撒航天的种子，静待开花结果。

首批航天员转业到深圳

凭借品学兼优以及极好的身体素质和心理素质，潘占春1985年被选入空军成为一名飞行员学员。1996年，国家开展载人航天重大项目，拥有10多年丰富飞行经验的他被选拔成为预备航天员。1998年，他和杨利伟、翟志刚等人正式成为中国首批14名航天员之一。

经过系统的理论知识学习，身体素质、心理素质以及特殊环境下的各种适应性训练，潘占春做好了飞天准备，时刻等待祖国的召唤。

2014年，潘占春等5位航天员进行了岗位调整，从中国航天员科研训练中心转业，致力于满足各机关单位及企业和民众对航天科技的需要。潘占春与深圳结缘，源自深圳市绿航星际太空科技研究院（以下简称"太空院"）。因为有着丰富的航天员训练经验，他作为专家来深参与筹备该研究院的工作。建院初期，为实现航天科技的转化落地，他提出转业留在深圳工作。同时，他参与了2016年广受社会关注的"太空180"试验项目。这一项目主要是研究地外生存服务系统，当时从全国征集了4名志愿者在舱内进行了地外生存实验，该实验为深空探测奠定了重要的科研基础，并获得国际上很多航天科研机构的认可。

面向青少年热心做科普

在深延续航天梦，潘占春找到一条新路径：开展航天科普工作，助推航天科普新风尚在深圳兴起。

这几年，在深圳的航天科普活动中，经常可以看到潘占春的身影。他常年参与科普活动，推动载人航天工程的技术转化成科普知识，为深圳中小学生送去一场场航天科普盛宴。同时，他推动太空院成为科普基地，建立专门的航天科普展厅，面向青少年开展航天科普。曾经，航天员那些魔鬼式的训练日常，在他那里成了一节节生动的科普课堂。

这位科技传播的使者，不仅在深圳致力于航天科普，还将科普知识送出广东，服务于欠发达地区的学校。2019年年底，深圳市科技传播促进会举办的"航天科技进校园"系列活动走进广西壮族自治区，作为会长的潘占春相继在广西南宁市、柳州市的 6 所中小学校开展科普讲座，推动深圳科技之城的科普知识对外传播。

谈及做航天科普的初心，他说：让更多中小学生了解国家载人航天科技的历史，激发他们对航天的兴趣，为我们国家载人航天培养一些后备人才。

更多普通人能圆航天梦

如何把神秘的航天科技带到百姓的生活当中，真正地造福社会民生？潘占春的回答是，推动航天科技成果转化，把军用技术落地到民用领域。

潘占春介绍，目前太空院的一大科研方向是将航天技术引入健康产业，以帮助解决一些白领的亚健康问题、老年人的养老问题等。

此外，以航天食品的研发技术为核心，太空院还致力于把航天食品技术端上百姓餐桌，陆续开发了许多产品，如豆浆、精酿啤酒、辅助降糖饼干和全营养流食等。如今，这些航天食品都已陆陆续续走入百姓生活当中。

企业的先进技术如何服务载人航天事业？拥有太空院理事长、促进会会长双重身份的潘占春说，这就需要发挥太空院和促进会的平台作用，对接需求，持续提供助力，做好科技传播与服务这项首要任务。

在他看来，未来普通人也能圆自己的航天梦。他说，随着科技的发展，将来对航天员的身体要求会逐渐降低，普通人的航天梦并不遥远。"我想做的事情就是，引导更多人参与到载人航天这项事业当中，让更多的普通人实现航天梦。"

深圳华大基因股份有限公司大众传播部总监项飞：开辟华大生命科普战场

《深圳商报》记者 刘娥

从新冠试剂盒生产到火眼实验室援建，深圳华大基因股份有限公司（以下简称"华大基因"）在此次科技战疫中表现亮眼。事实上，除了科技正面战场，华大基因还开辟了第二战场——科普战场，通过音频、视频、直播、公众号等平台多维度打造科普战场，为战疫输入科学理性力量。华大基因大众传播部总监项飞，正是华大基因科普战场的运营团队成员之一。

知名主持人转战生命科学

对于一些老深圳、深圳电台飞扬 97.1 的听众来说，"项飞"这个名字并不陌生。在进入华大基因之前，他是深圳知名主持人，就职于深圳广电集团 15 年，开创了深圳首档广播美食节目《美味乐翻天》，主持深圳卫视日播节目《天天养生》，荣膺"全国十佳音乐节目主持人""深圳广电集团十佳节目主持人"称号。

加入华大基因，源自陌生领域的吸引。作为资深媒体人，项飞在传媒、艺术等领域如鱼得水，对各行业都不陌生。然而在一次参观华大基因博物馆后，他突然发现自己对生命科学领域，尤其是对基因领域的认知居然一片空白。彼时，博物馆展示了华大基因在全世界首例中国人全基因组测序的科学研究——炎黄一号。基因测序是什么？对人的健康有什么影响？一系列问题给予了项飞巨大冲击。

这个完全陌生的领域抛来橄榄枝后，项飞决定裸辞，感受全新的生活方式，丰富人生体验。2016 年，项飞正式入职华大基因。

用科普破除谣言和恐惧

疫情初期，由于人们对未知病毒的恐慌，谣言四起。华大基因 CEO 尹烨认为，作为全球领先的基因组学研究及应用机构，华大基因需要在科普方面发力，守护公众的认知。在辟谣与科普的第二战场，项飞成了重要成员之一，发挥媒体人传播优势和资源优势，联动音频、视频、直播、公众号等渠道，与科普团队成员一起搭建华大基因的科普网络。

最先启动的是音频科普节目——《天方烨谈》。2020 年 1 月中下旬，项飞他们关注到许多谣言披上专业的外衣，让公众难以识别。项飞认为，辟谣要有严谨的数据和逻辑支撑。尹烨曾参与 2003 年非典（SARS）试剂盒的研发，一些科研成果对 SARS 病毒起源于大自然是有定论的。对于新冠病毒，现有证据都指向它来自大自然。为此，以尹烨作为学术支撑主讲，项飞主持，这档科普音频节目开启谣言破除战。截至 2020 年 5 月 18

日，《天方烨谈》已经推出超过 1 354 集，点击量突破 1.7 亿，并在全国十家城市电台同步播出，为公众科普生育健康、肿瘤防控、细菌病毒感染等相关知识。

多形式全网络开展疫情科普

除了在新冠疫情暴发的第一时间进行音频节目科普，华大基因科普团队还持续在"华大基因""尹哥聊基因""华大医学""唯菌论"等公众号上发表科普文章，用专业的生物医学知识为大众撕下一张张谣言的面具。

项飞介绍，从 2020 年 1 月 24 日至今，华大基因累计发布新冠相关科普文章 100 余篇，总计阅读量近百万人次。在视频方面，华大基因通过今日头条、西瓜视频、抖音、风直播、新浪科技等渠道开展科普，总播放量 5 000 万次以上。

值得一提的是，华大基因科普团队全为兼职。项飞介绍，科普团队成员来自火眼实验室等科研部门，平时肩负科研任务，兼职做公益科普。正是科研人员做科普，才保证了科普知识的严谨性、权威性。

除了尹烨，华大基因科普团队有多位大咖加持。华大集团联合创始人杨焕明院士多次变身"网红"主讲科普云课堂，华大集团联席董事长王石也现身科普直播。"科普源自华大基因的公益情怀。"项飞表示。

生命科学科普一直在路上

关于开展生命科学科普的初心，项飞说，目前公众对于生命科学领域的认知较少，开展相关科普有益于学科发展。此外，他希望通过科普让老百姓对生命科学消除陌生感，增加认知度。

从知名主持人到企业品牌负责人，如何实现角色转换？项飞表示，在广电媒体，播音主持人身居核心部门，是众星捧月的岗位。华大基因核心部门是科研技术部门、销售部门，现在他所做的工作属于支撑部门，为核心部门服务。角色发生变化，需要提高服务意识。

2000 年冬天，项飞因为深圳广电集团的校招，从北京南下来深实现梦想。2007 年华大基因一路南下，最后选择了深圳。在项飞看来，正是深圳开放、包容、创新的城市氛围，吸引了越来越多的优秀企业、科技人才聚集于此。

睿博天米科技（深圳）有限公司创始人高国仁：
「我找不到离开深圳的任何理由」

《深圳商报》记者　钱飞鸣　袁斯茹

高国仁走入《深圳商报》的视线，是一次颁奖典礼。2020年12月26日，深圳市机器人协会举办年会，高国仁所在的Temi机器人公司获2020深圳服务机器人技术创新奖。当时，这个和深圳经济特区同龄的以色列创业者，带着10岁的儿子走上了领奖台。

在服务机器人行业，年青的temi被视为成功突围的"新秀"。2017年在深圳从零起步，高国仁于2018年推出了第一代产品，至今卖出了5 000

多台，企业规模 3 年内增长了 3 倍。接受记者的专访，他说："我找不到离开这里的任何理由。"

初到深圳，不敢相信自己的眼睛

《深圳商报》：您的领奖仪式令人印象深刻。能否和大家说一说，为什么会带着儿子一同上台？

高：我有 3 个孩子，大儿子今年已经 10 岁。每晚睡前我都会跟他聊会儿天，分享当天工作中发生了什么。这次领奖是个很好的机会，让他知道有这么多人对机器人感兴趣，体会我的工作日常。

《深圳商报》：我们知道，您和家人是 2017 年从以色列来到中国的，当初为什么选择深圳？

高：2015 年，我们在以色列特拉维夫成立了一家机器人公司。经过近 2 年的研发，我们感觉到推出产品的时机已经成熟。中国的制造业发达，要实现产品量产，深圳是绝佳选择。刚来时，公司没有员工，到现在已有 60 人。如今公司业务越来越向深圳集中，我们想从深圳打开国际业务。

《深圳商报》：2017 年是您第一次来深圳吗？您对这座城市的第一印象是什么？

高：虽然此前听说过深圳，但深圳对我来说是一个全新的城市。

第一印象是非常震撼。深圳是一个制造业发达的城市，我当时不敢相信自己的眼睛，我觉得全世界很难找到第二个如此年轻却如此发达的城市。

孩子上学首日，"那真是混乱的一天"

《深圳商报》：举家来到深圳，为什么有如此大的勇气？您是如何适应这里的生活的？

高：家人必须要生活在一起。我太太一开始有些犹豫，但我说服了她。刚来深圳的前 8 个月非常艰难，我面临两大难题：第一是公司必须马上启动运营，这涉及非常多的准备工作，第二是语言不通的情况下，家人如何适应全新环境，尤其是孩子们。幸运的是，他们适应得很快，孩子们的中文说得比我好多了。现在我们出门买东西，都会让小朋友去。

《深圳商报》：在异乡创业和生活，您能举例说明一个最艰难的时刻吗？

高：艰难时刻真不少。印象最深的是孩子们开学的第一天。那是8月中旬，非常热，我当时没有办手机卡，也不知道学校的具体地址。我们花了很长时间才坐上一辆出租车，但由于语言不通，没人说得清我们的目的地是哪。好不容易到学校了，发现已经迟到了。我们想用现金付车费，但司机说现在都是扫码支付了。当时，我一左一右"提着"两个孩子，就像拎着两件行李下了车，那真是混乱的一天。

取名"科技+大米"，要成为不可或缺的一部分

《深圳商报》：公司名称Temi有什么含义？

高："te"取自"tecnology"（技术）的意思。"mi"来自中文词"大米"，我觉得它是文化中最基础却不可或缺的东西。Temi就是科技+大米，寓意它成为人们日常生活中不可或缺的一部分。

《深圳商报》：那么关于苹果公司，您又是如何理解的？

高：提起手机会想起苹果，提起无人机会想起大疆，提起新能源车会想起特斯拉。在我看来，它们产品的共同点是简洁的设计加上创新的技术。这些公司都是Temi的榜样，虽然我们还是一家非常年轻的公司，但我对团队非常有信心。希望未来提起服务机器人，人们会首先想到Temi。

《深圳商报》：Temi机器人的初代产品是如何诞生的？

高：最初的想法来自我们公司的另一位创始人。他的祖母年纪大了，视力不好，手也不停抖动，端不稳食物，因此他想研发一个帮助老年人生活的服务机器人。我们找到了现在的定位，是基于两个原因：第一是不少年轻人关注了我们的产品；第二是我们发现比起"老年化"产品，人们普遍更喜欢年轻化设计的产品。因此公司调整了策略，开始研发一款年轻、简洁、创新的产品。

服务机器人走进家庭，我认为不会很快

《深圳商报》：我们发现，Temi 机器人的外形简洁，并没有向"人形"靠拢。请问，这是出于什么样的设计理念？

高：现在的大多数服务机器人，外形上有了手臂、眼睛、头等，但我觉得这些技术的发展并不充分，也许 5～10 年后仍然不会有大的突破。如果一个机器人已经具备了人形，但在互动的时候并不足够智能，反而会影响使用感。因此我们在设计产品外形时，放弃了追求"人形"，而是尽量保持外观简洁。希望它摆在家里更像一件艺术品，而不是一台冷冰冰的机器。

《深圳商报》：企业一再强调价格优势，那 Temi 机器人的核心技术是什么？

高：Temi 机器人可以说是同类产品中售价较低的。因为我们的技术、配件等大部分由自己研发，可以保证价格在可控范围内。我们的算法能在低能耗 CPU 上运行，这也降低了成本。

我们使用了完全开源的系统，像酒店、医院等不同场景的机器人，可根据客户需求进行订制。产品核心技术是通过算法调用机器人内置的60 多个传感器，可以控制它的行走，实现自主跟随、避障等。

《深圳商报》：新冠疫情让不少服务机器人找到了全新应用场景。您如何看待疫情带来的影响？服务机器人什么时候会真正进入人们的家庭生活？

高：疫情期间，机器人在安防、消杀、送餐等多个方面发挥了重要作用，人们也渐渐发现使用场景可以延伸。服务机器人进入人们的家庭生活，我觉得不会很快。根据目前的技术，服务机器人目前还是更多用于商业用途。比如在公司，用于迎宾；在商店，发挥导购作用；在酒店，帮助人们登记。这些任务都是很明确的，但是家庭的使用场景还不是非常明确。也许 5 年后，技术有了突破，人机互动会变得更加自然流畅。

深圳是座神奇的城市，我喜欢这里

《深圳商报》：目前产品的研发和生产，深圳和以色列分别占比多少？

高：最初研发在以色列。在深圳成立公司后，不仅生产和制造在这里进行，研发和创新也在这里开展。目前深圳公司有 60 人，其中一半以上是研发人员。以色列公司目前有 15 人。

Temi 产品全部是在深圳生产的，我们搭建了灵活的生产线，目前月产量是一万台，根据需求还可以增加。我认为中国将成为我们的最大市场。

《深圳商报》：2019 年，公司获得了 2 000 万美元的新一轮融资，下一步计划是什么？

高：目前当然是成为服务机器人行业的第一名。拿到融资后，第一件事是继续完善核心技术，丰富产品功能，第二件事是拓展市场，提高销售量。在初代产品之后，公司将继续推出第二代、第三代……第 N 代产品。

《深圳商报》：我们问最后一个问题。作为深圳的同龄人，您打算在深圳长期定居吗？

高：深圳是一座神奇的城市，我很喜欢这里，也很喜欢中国文化。我找不到任何离开这里的理由。

亚太卫星宽带通信（深圳）有限公司总裁李杰：
天上有颗『深圳星』

《深圳商报》记者 袁斯茹

2020 年 7 月 9 日，在银河系璀璨的满天星中多了一颗"深圳造"卫星。2020 年 7 月 9 日 20 时 11 分 04 秒，亚太 6D 通信卫星在西昌卫星发射中心成功发射升空，这也是我国第一颗采用 Ku/Ka 体系的地球静止轨道高通量卫星。

据悉，亚太 6D 通信卫星由亚太卫星宽带通信（深圳）有限公司（以下简称"亚太星通"）及其股东单位参与设计监造，中国空间技术研究院研制。此次卫星成功发射，标志着我国全球高通量宽带卫星通信系统建设的良好开端，也是深圳经济特区建立 40 周年的献礼。

此次成功发射的亚太 6D 通信卫星，就是亚太卫星宽带通信（深圳）有限公司会同中国空间技术研究院研发的一位"绝世高手"，"其载荷重量、通信容量、复杂度都开创了我国卫星研制新高度。"亚太星通总裁李杰表示。

亚太星通的首发星

亚太 6D 通信卫星作为亚太星通的首发星，是我国第一颗采用 Ku/Ka 体系的地球静止轨道高通量卫星，也是东方红四号增强型平台全配置首发星，还是世界上首颗为卫星移动通信业务定制的高通量卫星。

据介绍，卫星设计寿命 15 年，卫星可视范围信号全覆盖，包括中国、俄罗斯、日本、韩国、印度、澳大利亚、新西兰、夏威夷、中国四大海域、东印度洋、西太平洋等广泛的陆地和海洋区域。

此外，卫星配置 90 个 Ku 用户波束，8 个 Ka 馈电波束，可为民航客机提供百兆级带宽接入服务，可为海事船舶提供千兆级带宽接入服务，能够有效满足亚太地区飞机、船舶以及偏远地区高速上网、数字化转型以及高质量发展的需要。

李杰表示，卫星在核准的任务序列号之外还可冠名，公司已提出申请，以项目建设地所在城市（城区）为准，将其命名为"深圳星"。

国内领先水平

比起传统卫星，高通量卫星具有带宽更大、资费更低、终端更小、通信服务门槛较低的特点。

首先，高通量卫星采用频率复用、多点波束等技术，在使用相同频率资源下，其通信容量比常规卫星高出数倍甚至数十倍，随之带来的就是单位带宽成本的大幅降低；其次，高通量卫星对天线口径大小要求降低，因而其终端可以更小、更轻巧；最后，随着设备终端的轻量化和小型化，用户使用服务的门槛进一步降低，可创造出更灵活便利的接入模式。

据悉，通信卫星主要频率为 S、C、Ku、K 以及 Ka 频段。理论上，频段越高，带宽相对越高。目前，C 频段利用已接近饱和，Ku 和 Ka 波段高通量卫星正成为各国研发重点。此次发射的亚太 6D 通信卫星，就是我国第一颗采用 Ku/Ka 体系的地球静止轨道高通量卫星。

据悉，亚太 6D 通信卫星历时近 4 年、投资 20 多亿元研制。整星重量 5 550 千克，卫星承载有效载荷重量近 1 000 千克，是以往的 1.5 倍；星上转发器设备 1 200 余台，是以往的 2~3 倍；波束 99 个，是以往的 10 倍；舱内外共 1 500 余根波导，是以往的 6 倍，均为国内领先水平。

服务"宽带中国"

亚太星通公司成立于 2016 年，是由中国航天科技集团联合交通运输部、深圳市政府发起成立的国家高新技术企业，由"两弹一星"功勋科学家孙家栋院士担任首席科学家，并依托周志成院士设立粤港澳大湾区首个卫星应用院士工作站。

据悉，亚太星通拟投资 100 亿元人民币，分阶段建设覆盖全球、安全可靠、天地一体的宽带卫星通信系统，服务"宽带中国"。

为运营亚太 6D 通信卫星，亚太星通布局建设多个地面通信关口站和卫星测控中心，其中位于深圳、北京、西安和香港的通信关口站已建成待用。

值得一提的是，深圳卫星地面站是我国境内首个对外开放的卫星关口站，依托该站建设了粤港澳大湾区首个卫星科普教育基地，将向粤港澳大湾区广大青少年普及航天科技和卫星通信相关知识。

深圳市越疆科技股份有限公司董事长兼 CEO 刘培超：
带领国产机械臂「越疆出海」

《深圳商报》记者 袁斯茹

"坐在沙发上，智能机械臂为你端来一杯茶，我们希望这一场景成为大家生活的日常。"深圳市越疆科技股份有限公司（以下简称"越疆科技"）董事长兼 CEO 刘培超接受记者专访时表示。2015年成立的越疆科技，目前在全球桌面型机械臂的市场占有率为 60%~70%。

在公司位于南山的办公室里，展示着自主研发的各款轻量型智能机械臂。它们的雏形，来自几年前刘培超研发的桌面型智能机械臂。自桌面型智能机械臂问世以来，人们一改对机械臂笨重、难操控的印象，发现它可以做到桌面级。

颠覆认知，桌面型机械臂横空出世

2015 年，一款轻量型机械臂出现在美国知名众筹网站 Kickstarter，50 天就筹得 62 万美元（约合人民币 440 万元）。这款轻盈到可以摆上办公桌，而且能够画画、穿针引线的机械臂，是刘培超带领的 5 人团队研发近一年的成果。

本硕就读于山东大学机械工程专业，刘培超说自己是个爱折腾的人，从大一开始，一直都在创业的路上。硕士毕业后，他曾在中国科学院某科研院所从事过几个月的生物实验设备研发工作。生物学实验要不断筛选生物体，由此产生大量重复性工作，刘培超想起了上学期间接触过无数次的机械臂，萌生研发轻量型机械臂来帮助人完成这项工作的想法。

"在苏州就开始准备了，但我发现很多零部件都要送到深圳生产，再寄回来需等待一到两周。"刘培超说，"我喜欢高效做事，所以何必等呢，直接来就好了。"

于是，刘培超来到深圳创业。最初的办公室，是自己公寓的客厅。"我们一度卡在了机械臂精度无法提高、成本又无法下降的难关，请教了很多专业人士，大家都告诉我们：不可能。"刘培超说，"材料和技术链都要自主研发，就像骑着老牌自行车参加环法自行车大赛，还要拿第一名。"

当时，刘培超上学时创业所得的积蓄已经花光，很长一段时间里，每月卡里只有 1 000 元生活费。"这是一道要么拿第一，要么活不下去的选择题。"他说，好在团队伙伴对自己有十足信任，最终靠坚持、专业和热爱，他找到了新思路：从算法上着手。

"就像自行车下坡的时候，为了减少阻力，我们决定趴着前行。"在反复提升算法无果后，团队发现要提升精度，关键并不在于算法多么精密，而在于计算的方式。找到突破点后，产品很快诞生。团队不仅第一次将桌面级机械臂的概念展现给世界，更将十几万元的机械臂售价做到了万元以内。正是这款产品，帮助初出茅庐的越疆科技获得了天使轮融资。

走出国门，做到多个第一

越疆，源于唐代诗人陆龟蒙的诗句"越疆必载质，历国将扶危"。刘培超说："这是属于工科生的决心，希望我们的产品和技术能跨越边界，走到全球任何一个角落。"

就在2010年之前，我国作为全球机器人产业的重要市场，国产品牌市场占比不足20%，且80%以上关键零部件依赖进口。这样的数据，让刘培超觉得自己应该做些什么。他说："机械臂是机器人核心部件功能的集中体现，行与不行都无法掩盖。"

在初代产品之后，越疆科技不断在传感器、算法、功能上进行优化，2016年推出第二代高精度消费级桌面智能机械臂——DOBOT Magician，实现0.2 mm的重复定位精度和高稳定性。该机械臂具备夹取物品、写字画画、激光雕刻、3D打印等多种功能，在轻量级机械臂中达到世界一流水平。

"我们的目标就是真正解放人们的双手。"刘培超说。因此，DOBOT Magician可以更换机械臂的末端，消费者可以根据自己的不同需求打造自己的机械臂，这款产品已在日本的冰激凌店及多地的智能早餐店"上岗"。此外，为培养孩子们对编程的兴趣，越疆科技的机械臂也出现在多所学校的课堂上。

如今，越疆科技在轻量型协作机器人的感知、安全等领域取得了核心技术突破，在伺服控制等关键部件实现自主研发。其拳头产品DOBOT CR5为客户提供了一站式全方位的解决方案，目前在丰田、阿迪达斯、索尼、富士通等企业已实现应用。

目前，公司产品已销往全球140多个国家和地区，合作用户超20万，2018年及2019年连续两年占据中国大陆品牌工业机器人出口数量的第一，并获得CES创新大奖、iF产品设计奖、德国红点奖等多项国际大奖。

锐意创新，用好"深圳链条"

对于自己来深圳的决定，刘培超形容为"歪打正着"。

"这座城市从供应链、人才链、资金链上都有非常肥沃的土壤，支持人们去创新。"刘培超表示。

从供应链来看，在创业初期需要打样，越疆科技上午画完图纸，下午就可以拿到产品，看到设计效果如何，在其他城市可能需要两周时间；从人才链来看，机械臂是集 AI、大数据、芯片、传感器等多项技术于一体的产品，深圳能为公司提供专业方面的顶尖人才；从资金链来看，不仅种子、基金、天使轮、AB 轮的各类投资机构很多，政府也是"真金白银"地扶持企业创新。刘培超告诉记者："公司刚起步时，曾拿到深圳市的 100 万元创业补助资金，对于一家初创公司而言，这无疑解了燃眉之急。"

和大部分创业故事一样，刘培超也曾面临许多困难，最大的困难还是做选择的时候。2017 年，公司成立不到 3 年，已从最初的 5 人团发展至 300 人。他说："随着技术和市场不断变化，2017 年我们面临公司战略发展的调整，要决定产品到底是面向消费者（to C）还是企业（to B），为此我们连续开了一个月的会来讨论。"

秉承"要么不做，要么最好"的原则，刘培超选择了技术难度更大但发展前景更广阔的 to B 端。"做 to B 产品至少需要 3~5 年的底层技术突破，但这也有助于公司提升产品工艺能力，不断拓展新的市场，开发机械臂新应用场景。"

谈到未来计划，刘培超说目标已体现在公司名字上。"当时取名为'越疆科技'而不是'越疆机器人'，就是希望促进人工智能和机器人的结合，提高整个行业的智能化水平，从而为各行各业提供智能机器人的解决方案。"

深圳未知君生物科技有限公司创始人兼 CEO 谭验：

肠道淘金者

《深圳商报》 记者 袁斯茹

捐粪便也能赚钱？最近，深圳未知君生物科技有限公司（以下简称"未知君"）发布了一条公告，面向全社会公开招募志愿者捐赠粪便，每次 300 元，月补贴最高可达 6 600 元。

这则看似"重口味"的消息背后，蕴藏的是一门价值千亿元的肠道微生物 AI 制药产业。

肠道微生物未知变已知

数量庞大、充满未知、与健康有关，人体内

具备这三个特征的不只基因组，还有肠道微生物。

从出生那刻起，就有微生物伴随第一口空气、第一口辅食，进入婴儿的肠道安营扎寨。此后，这些微生物不断壮大队伍，最终形成稳定的菌群。据悉，人体肠道菌群数量超过 1 000 种，细胞数可达百万亿个，是成年人体细胞数的数十倍。

谭验告诉记者，肠道菌群能帮助肠道消化吸收，并作为天然铠甲阻挡部分致病菌，还能影响宿主的免疫、神经、代谢、内分泌甚至心理状态，因此也被称为人体健康的晴雨表。

"摄入再多依旧营养不良的炎症性肠病，造血干细胞移植手术带来的并发症，甚至自闭症等神经系统疾病，都可能与肠道菌群有关。"谭验介绍道，"肠病、免疫疾病和神经系统疾病治疗，也是未知君目前发力的三大方向。"

简单来说，就是根据人体肠道微生物的基因组、代谢组等数据，寻找并预测对某种疾病有治疗作用的微生物，然后通过生物技术平台进行筛选，开发临床药物。

其中，粪菌移植是目前最成熟的治疗方式之一。在征集到健康供体的粪便后，未知君会通过过滤、离心等一系列技术，将其中的肠道菌群提取出来，通过不同制剂工艺做成药物。从供体的筛选到药物的生产，都有严格要求。

"健康者的肠道菌群对部分肠道疾病有效，目前全球已有十几万人接受过这种治疗。"谭验介绍道。肠道菌群的研究离不开样本数据的支持，据悉，美国已有粪便银行从事相关数据的收集。未知君寻找志愿者，也是为了在国内建一个类似甚至规模更大的粪便银行，从而获得充足样本数据进行药物研发。

微生物制药是"雪道"

"真正开始创业就一往无前了，就像灾难片中的主角，要不断往前跑。身后的大地在塌陷，也没法往后看了。"谭验如此形容创业的感觉。

在他的办公桌上，除了电脑等用品，摆在手边的还有一本《华为传》。如今随时在阅读中国式企业成长史的谭验，其实是科研出身。

谭验的研究方向是生物信息学和计算生物学，曾在知名研究所完成他的博士研究工作。那里交叉学科学术研究氛围浓厚，科研和产业走得近，从中已经走出了多家上市公司。身在其中，谭验也耳濡目染。

2016年回到北京后，他并未立即投身创业浪潮，而是加入峰瑞资本，转身当起了投资人。"之前我觉得掌握前沿技术就能做成公司，后来才认识到并不是那么简单。特别是投资工作的经历，让我开始思考技术如何在国内的商业环境落地。"谭验表示。

巴菲特曾说，创业就是找到一条又湿又长的雪道。2017年，关于肠道微生物的创业方向已在谭验心中逐渐明晰，但还差具体落地的"雪道"。

对此，他有一个简单的办法：走出去问人。通过大量访谈，谭验确定了微生物制药方向。"一小部分人特别看好，一部分人半信半疑，大部分人认为不可能，那么我判定这是一条可以走的道路。"他表示。

当时，国内的相关研究尚在起步阶段，很多人认为粪菌移植难以获得临床批准。谭验提起公司发展的一个关键点，就是2018年与美国食品药品监督管理局（FDA）进行的一次会议沟通，确定了粪菌移植的临床审批可行性。

确定了大方向，未知君的前进之路更加坚定。作为国内领先的专注于肠道微生态治疗的AI制药公司，成立4年来，未知君先后上榜《麻省理工科技评论》评选出的"50家聪明公司"，入选 *Fast Company* 的"中国最佳创新公司50强"。未知君获得了君联资本、高榕资本等机构总计4轮的投资，累计融资超4亿元人民币。

2021年6月，未知君获得美国FDA批准的临床试验许可，标志着公司研究正式进入临床阶段。这是美国FDA官方披露数据中，亚洲率先获得美国FDA临床试验许可的粪菌移植（FMT）药物。

被深圳两大特质吸引

记者到未知君采访当天，其正在举行一场内部讲座。有员工表示，公司经常会组织他们与业内精英人士进行交流学习。

谭验说，波士顿是全球生物科技的高地之一，那里的科研公司几乎每天都会举行学术讲座，自己想把这种良好的科研氛围带到公司。

除了定期举办座谈，一路走来，谭验的每一个决定，似乎都是对过往经历的思考。比如求学期间，他就认定要创新而不是跟随，于是成立了国内最早的一批肠道微生物制药公司；比如见证过不少发展迅速的公司后，他认识到在创业公司，研发和转化一样重要，因此非常注重公司商业化的落地可行性。

谈及选择深圳，他表示，鼓励创新和成果转化，这座城市具备自己最欣赏的两大特质。来深四年，这种感受尤为明显。

"仅从生物科技行业来说，过去几年深圳的各种平台、设施迅速搭建，为相关企业发展提供了便利。比如光明区的合成生物大设施，让高通量自动化筛选成为可能。"谭验表示。

目前，未知君自主搭建起了人工智能大数据分析平台和高通量多组学产生平台，大大简化了药物的开发流程。此外，公司已搭建接受程序性死亡受体1（PD-1）免疫治疗前后肠道菌群的大规模的样本库和测序数据集，并拥有超34万条微生物与疾病关联数据。

深圳市安软科技股份有限公司副总经理贾洪涛：
为城市装『慧眼』播报文章

《深圳商报》记者 袁斯茹

房间里放着一辆 1：1 大小的模拟小汽车，上面还有虚拟车牌、饮料瓶、水果道具、人脸模特等。拉上四周的帘子，房间顿时一片漆黑。房间另一边的显示屏上出现了两幅实时画面：左边是正常摄像头拍摄，画面黑暗；右边则显示清晰，夜如白昼。

这个极具特色的展厅位于深圳市安软科技股份有限公司（以下简称"安软科技"），右边的画面正是由该公司研发的"黑目"夜视全彩成像智能机拍摄，能让在漆黑环境里拍出来的照片与白天拍出来的照片无异。安软科技副总经理贾洪涛告诉记者，安软科技已在城市安防领域深耕多年，在"黑目"之外，他们早已打造了"慧眼"系统，用科技助力公安提升警力。

"慧眼"看未来

据贾洪涛介绍，"慧眼"全称为城市级多维感知视图大数据智能防控预警系统，包含了多维感知智能前端、边缘计算、人工智能引擎、大数据存储检索、视图防控预警应用等一系列软硬件产品。

记者从"慧眼"系统的后台看到，页面中显示了数十个筛选条件，包括性别、上衣颜色、款式、是否骑车、是否打伞、手提物等。"这是'慧眼'的特色之一，即利用视频人工智能进行画面搜索。"贾洪涛介绍道。

2010年，我国开始实施"雪亮工程"，大规模安装摄像头，采集的视频也越来越多。每当案件发生时，为打击犯罪需投入大量人力来翻阅视频，这成为公安的痛点。比如小区门口的摄像头，行人及车辆川流不息的时候是少数，大部分时间是没人经过的。如果有案件发生，公安人员光是看这一个摄像头的录像，就要耗费大量时间。

对此，"慧眼"不仅可以自动跳过无人画面，还能根据一些特征自动筛选出相关人员。此外，系统也支持以图搜图。据初步统计，"慧眼"能将找人时间从几天缩短为几小时甚至几分钟，大大提高了效率。

贾洪涛表示，"慧眼"推出时就具备成本低、功能强、施工快的优势。比如建设8万路能进行目标抓拍的摄像机，如果使用3年，需要财政投资20亿元以上；而建设8万路"慧眼"，只需要3亿元左右。

从"汗水警务"到"智慧警务"

2000年，贾洪涛和闫子荣在深圳创立安软科技。两位都是技术出身，给公司取名也走直白硬核路线：公安软件，简称"安软"。秉承与时俱进的理念，安软科技自成立以来，经历过3次业务方向的调整。

公司成立之初，恰逢我国公安系统推进信息化建设，其中一方面工作就是，将已有的常住人口系统、驾驶员系统、旅业系统、在逃犯系统等多个相互独立的系统整合起来，方便信息的一键检索。"当时还没有大数据的概念，但我们实际上已经在做类似的事了。"据贾洪涛介绍，当时行业内没有类似经验可以借鉴，安软科技团队摸着石头过河，最终研发出一套综合信息查询系统，解决了公安行业跨部门、跨地区的信息一键检索问题。以这个项目为起点，系统先后推广到广东省公安和浙江省公安，并迅速覆盖了全国 20 多个省（区、市），安软科技也在业内小有名气。

2008 年，智能手机开始普及，安软科技也及时瞄准了下一个领域：移动警务。"比如交警在马路上遇到情况，不可能每次都回到办公室去查信息。"贾洪涛说，"此时我们研发出了移动警务专用的 APP，并配套开发了警务专用手机。"

此后，随着人工智能技术的进一步发展，在 2016 年左右，安软科技开始了第三次转型：视频人工智能的研发。此前提到的"慧眼"系统，正是公司潜心打磨三年的成果。

值得一提的是，除了警务领域，安软科技也通过多年积累，开始涉猎视频人工智能的更多领域。例如能使黑夜成像亮如白昼的"黑目"，就是公司采用前沿 AI 技术，在镜头、图像传感器、后端图像处理等方面上进行大幅提升所得的成果。

创业水到渠成

来深圳前，贾洪涛曾先后在内蒙古自治区电子研究所、北大方正集团工作过很长一段时间。用他自己的话说，这也是个人能力迅速成长的时期。

"刚到研究所工作时，我做的一个项目是电脑配色仪，就是纺织厂的衣服要染色，需要用电脑测算并给出染色配方，这项工作其实也很复杂，涉及复杂的数学模型和颜色频谱测量问题。在北大方正集团，我又先后帮税务局、银行、邮政局等单位开发过税务征管系统、银行业风险监管分析系统、邮政管理系统大型应用软件。这些项目经验也为日后的创业奠定了技术基础。"

1998年来到深圳创业，在他看来，是一件水到渠成的事。

在广东安防协会公布的2020年度安防行业评优获奖名单中，安软科技荣获"平安城市"建设突出贡献奖。"站在时代的洪流之中，无论是个人还是企业，必须与时俱进。安软科技也将在多年经验基础上，始终以开放的态度拥抱更多新技术，研发更多新产品。"贾洪涛说。

深圳市雅迪威电子有限公司董事长赖国燕：攻克技术难题，为用户打造更高端的车载音响

《深圳商报》 记者 涂竞玉

"当前世界经济需求不旺，电子行业的竞争日益激烈，只有专注于产品创新，才能有能力迎接挑战。"深圳市雅迪威电子有限公司（以下简称"雅迪威"）董事长赖国燕在接受记者专访时表示，我们要永葆年轻的心，需要时刻用满腔的热忱去拥抱生命，追逐梦想。这不仅是他的初心，也是雅迪威的企业文化。

151

筚路蓝缕却矢志不渝

据赖国燕回忆，他在 1980 年以优异的成绩考入华南理工大学无线电工程系。大学毕业后，他留在母校华南理工大学任教了 2 年，接着攻读研究生，并顺利取得了电子物理的工学硕士学位。1989 年，赖国燕来到深圳，在国企一待就是 13 年。凭借着自己秉直的个性以及超凡卓越的智慧，他在企业里一路做到总经理的职位。

2002 年的春天，赖国燕毅然决然地离职下海，于同年 3 月创建了如今的深圳市雅迪威电子有限公司。"当时我们用几十万元起家，算我在内也就 8 个员工，我们既要开发产品，又要拓展国外业务，日子过得非常艰辛，却没有任何人退缩，真可谓筚路蓝缕却矢志不渝！"赖国燕说道。

作为汽车功放行业全国十强之一，雅迪威专注于研发、设计、生产和销售威声系列汽车、游艇及低音炮功放、汽车及游艇收音机、游艇及摩托车音响系统、摩托车通信系统、车用逆变器、背包音响、电子镇流器等，是国内最早的汽车功放制造商，同时又是专业的电子产品原始设计制造商（ODM）、原始设备制造商（OEM）、电子制造服务（EMS）加工厂家，拥有 SMT 生产线、主动插件（AI）线、绑定线、手插及成品装配线等生产系统。雅迪威 2007 年获西班牙汽车音响音压比赛冠军，被评为 2008 年度最受零售安装店欢迎的十大功放品牌，2007 年、2008 年、2009 年度十大国产功放品牌。

始终践行"以质取胜"的承诺

雅迪威在创立后，在短短几年时间内叱咤于国际汽车音响舞台。到底是什么成就了这个具备深圳速度的企业？赖国燕道出了其中的奥秘。

赖国燕表示，首先是过硬的产品质量。"以质取胜"是雅迪威一以贯之的理念，也是其对客户的承诺。雅迪威公司所有产品的核心元器件都是从日本、美国、欧洲等地进口的顶级器件，确保了产品的质量。

其次是独特的设计。欧美国家与中国在文化上存在着较大的差距，这样的差距也反映在汽车音响的消费上。例如在德国，许多汽车喇叭是安装在前门的，方便驾驶者享受最佳的汽车音乐，甚至有的汽车音响发烧友在自己的车上设置低音喇叭墙，尽显低音效果，张扬自己的个性。针对这样的消费习惯，根据不同的客户要求，雅迪威往往采取世界上最先进的设计技术，并力求做到新颖、独特。

适中的价格与良好的售后服务也是奥秘之一，雅迪威不打无谓的价格战，但讲究性价比。此外，最值得一提的是公司的研发优势。雅迪威拥有一批高学历、高素质、有丰富经验的技术人才，他们研发出来的多个技术项目已获得国家专利，具备非同一般的研发优势。

"从市场的多元化的角度来考量，雅迪威所研发的产品不仅应用在汽车、摩托车上，还应用在游艇上。"赖国燕说，"游艇常常飞驰在水面上，必须考虑到防水、防油、防盐、防紫外线等功能，以确保产品可以在恶劣的条件下使用及延长使用寿命。通过技术攻关，雅迪威解决了这样的难题。"

商业模式的创新是企业的生机所在

赖国燕表示，作为汽车音响企业，雅迪威现在主要做外销业务，产品出口至美国和欧洲。"2000 年开始，国外各大汽车音响品牌纷纷进驻中国，我国汽车音响市场呈现火爆势头。受经济形势影响，国内外市场的需求不旺，新兴市场的竞争日益激烈。技术上，我们还是跟在发达国家后面走，创新人才比例低。人工成本、材料成本及人民币持续升值等，形成不小的成本压力。"

商业模式的创新是企业的生机所在。当前，汽车音响不是普通电子消费品，对技术要求较高，这就需要在线下的实体店来完成。赖国燕认为，在不断创新和市场需求的推动下，未来汽车智能化程度将越来越高，更好、更智能化的车载影音系统、车载移动办公系统会得到更广泛的普及。

目前移动互联网迅猛发展，大数据、云计算、移动社交、物联网对汽车产业的影响重大而深远。赖国燕说："移动互联网已渗透汽车行业的各环节，我们现在能体验到代驾、打车、租车、查违章、地图、路况、导航等多种服务，它们构建起了一个非常庞大的移动端，可以为车主提供方便且优质的服务。"

对于汽车音响而言，若是以"音乐及视频云"的形式达到实时共享，便能打造另一番天地。赖国燕展望道："我们希望将蓝牙及无线网络与产品结合起来，通过车联网，让用户在使用我们的产品时，能得到更高端的车载享受。"

深圳玩智商科技有限公司 CEO 龙军：

开创消费级激光雷达先河 让机器更智能地服务于人

《深圳商报》 记者 涂竞玉

"深圳是一座科创之城，文化开放包容，科创氛围浓厚，是一座可以让年轻人大展拳脚的城市。"提到为何与深圳结缘时，深圳玩智商科技有限公司（以下简称"EAI"）CEO 龙军说："与其说是因为工作来了深圳，还不如说是因为想来深圳，而选择了这里的工作。"

始终坚守"实现商业自动化"的初心

龙军回忆，早在 2006 年读大二的时候，他就开始了创业探索。"当时做的项目是'物品+外卖'电商平台，主打的品类是超市零食和餐饮配送，起步的时间也算比较早，业务越好，亏损越大，平台运营了一年后，最终还是选择了关闭。"龙军表示，自己的项目虽然失败，但在当时广州的大学生科技类创业项目中属于凤毛麟角，风险投资在国内也刚刚起步，深圳的科创氛围在一线城市中相对浓厚，这坚定了自己来深圳发展的决心。

大学毕业后，龙军如愿通过校招到深圳一家著名外企工作。8年之后，凭借着多年外企工作积累的市场资源，他创办了一家面向家电市场的O2O企业。在随后的一年时间里，他察觉到O2O市场泡沫太大，便果断将自己的二次创业成果打包出售，并与其他两位合伙人创办了EAI。"从2006年的电子商务平台创业，到现在的机器人领域创业，表面虽然是在科技行业里面不相干的子领域，但本质上都是围绕着我的初心：实现商业自动化。"

其实，EAI在做机器人激光雷达传感器及智能移动系统之前，只是一个机器人整机厂商。首款产品名为HAHABOT机器人，是国内率先实现基于视觉信息实现空间定位（VSLAM）的移动机器人，同时还是可以做到3D体感识别的家庭陪伴机器人。

不过，由于产品实在过于超前，虽然当时在中国国际高新技术成果交易会上吸引了很多人前来参观，但实际购买者屈指可数。这让龙军意识到，这样的产品想要打开市场，肯定需要耗费大量的时间和金钱去"教育"市场，这不太现实。他说："当时我们就转换思路，把我们的关键零部件及核心技术供应给其他机器人企业，为国内的机器人行业做奠基石。"

创业的过程就是解决问题的过程

成立于2015年的EAI，目前是全球领先的消费级激光雷达及机器人移动系统解决方案的研发和制造企业，具有较强的研发实力、制造能力以及信誉良好的全球客户基础，已成为多家世界500强的重要合作伙伴，产品远销40多个国家及地区。

EAI 作为一家研发和制造智能传感器的高新技术企业，创立的 YDLI-DAR 品牌涵盖三角、飞行时间（ToF）、固态等全品类的激光雷达，均已实现量产，且大规模应用在扫地机器人、教育机器人、服务机器人、工业机器人、数字多媒体互动、工业自动化、安防及智能交通等领域，其中消费雷达和商用雷达等主导产品的全球市场占有率位居行业前列。

据介绍，以前激光雷达只有工业级的品类，例如德国的西克和日本的北洋，近几年来，无人驾驶算法的成熟，衍生出车规级和消费级的激光雷达品类。"EAI 开创了消费级激光雷达的先河，率先大规模应用在了扫地机器人和服务机器人上。"龙军说，"激光雷达相当于机器人的眼睛，是机器人不可或缺的零部件。现在市面上老百姓看到的带激光雷达的智能机器人，基本上都是用 EAI 的激光雷达。EAI 创立至今，让机器更智能地服务于人，一直是我们的使命，从来没有改变过。"

龙军表示，创业的过程其实就是解决问题的过程，解决问题肯定会遇到困难。企业无论发展到任何一个阶段，各种各样的困难一直都在，关键在于谁来解决它。

深圳将成为全球机器人研发和制造高地

龙军说，相比行业内其他企业，EAI 一直都坚持自主研发、制造和销售三位一体的商业模式。这样的商业模式虽然比较偏向于重资产，但没有短板，硬科技创业比拼的不仅仅是产品和技术，更重要的是质量。"EAI 自有工厂对质量的要求是非常苛刻的，这样大的投入往往更能获得世界 500 强企业的青睐。"

"我们作为人工智能与机器人行业产业链上的一环，我坚定地看好行业的发展，而且认为深圳在未来，一定会成为全球机器人研发和制造的高地。深圳开放包容的土壤已经生长出可与美国硅谷媲美的创业创新文化，并且拥有全球最齐全的电子产业链优势，我坚信未来全球最全最好的机器人一定在中国深圳。"龙军坚定说道。

龙军认为，科学精神是一种追求真理、不断探索的创新精神。科学精神与企业是融合的关系，科学精神其实是一种思维模式，而经营企业的过程其实就是用科学精神满足社会需求、解决社会问题的过程。当企业组织满足了社会最本质的需求，解决了社会最深层次的问题，这家企业一定会成为一家伟大的企业。

在企业创新方面，龙军表示，EAI 将与各大研究所、高校开展产学研用的深度合作。为此，龙军的团队还专门成立了一家独立运营的子公司深圳越登智能技术有限公司，专注于科研教育领域智能移动机器人的研发及为高校提供实验室建设等配套解决方案。目前，深圳越登智能技术有限公司已经与国内多所高校在机器人科研和教学方向，开展共建课题、联合共建实验室、联合出版书籍等多角度的紧密合作。

深圳市光鉴科技有限公司创始人、CEO 朱力：
创业者既要仰望星空，也要脚踏实地

"从 2015 年开始，人工智能产业化速度加快，IoT 技术在这个时间里快速发展。视觉技术和人工智能技术的结合解放了大量人力，大量智能化设备与空间、环境进行交互，都需要利用视觉技术。"在接受记者专访时，深圳市光鉴科技有限公司（以下简称"光鉴科技"）创始人、CEO 朱力说。

"传统的 2D 方法限制颇多，我们通过 3D 技术能够让摄像头或者感知设备更加高密度地获取空间数据，采用 3D 技术是 IoT 与 AIoT 应用的必然趋势。"看准了这个机会，朱力毅然决然选择了创业这条道路。

坚持想法最终创造重要价值

记者了解到，2020 年 3D 视觉行业的大规模爆发，一方面促进了产业链的繁荣；另一方面，随着应用市场的蓬勃发展和技术的成熟完备，3D 视觉中下游市场正在从浅尝辄止走向精耕细作。

据介绍，光鉴科技成立于 2018 年，是一家致力于提供自主研发的纳米光子芯片结合人工智能算法的 3D 视觉感知公司。短短 3 年间，公司团队就打通了从光子器件、3D 相机系统到应用算法的全技术链，成为国内唯一覆盖结构光和 ToF 技术路径解决方案的公司。

光鉴科技 2021 年和中兴发布了屏下 3D 方案。朱力告诉记者，这个想法可以追溯到 2018 年。"那时我们和很多安卓手机厂商交流发现，他们希望全面屏能作为一个卖点，但从传统意义上来说，需要开一个'刘海'。"朱力说，"我们想把深度相机做到屏幕后面，从当时的技术维度上来讲，这是一件不太能实现的事情。但是我们选择了去挑战，我认为这是一件厚积薄发的事情。"

他表示，当我们看到一个确定的、对产业能够产生正面价值的事情的时候，我们就应该坚持自己的想法，解决各种难题，最终创造重要的价值。

创业者需要具备学习能力和足够的韧性

作为一个创业者，一路走来，朱力感触颇多。他认为对于一名创业者来说，最重要的一点是学习能力。没有人是天生准备好去创业的。或许在出发点上，创业者在某一方面有一些特定的优势，这是创业的基础。但是在其他方面，创业者还需要持续学习和进化，一方面是主动的态度，另一方面是要有一个充分开放的学习态度，这样才能够不断进步。

另外，创业者要有足够的韧性。创业过程中唯一可确定的就是每天都会出现各种各样的问题，所以创业者要有韧性去坚持，不忘初心，坚持最初的理想。

朱力坦言："作为一个创业者，需要把握好一个度——仰望星空和脚踏实地之间的平衡。如果太脚踏实地，一味地看着眼前的业务目标，那么公司很容易失去长远的方向；但是太仰望星空，你会发现没有业务的根基，企业的成长之路就会走得不扎实。"

因此，他认为创业者需要准确地看到行业的大方向，不能空想一些无法落地的东西；也不能从自己的技术出发，而是要去找一个适应自己技术的市场。

旭宇光电（深圳）股份有限公司研发总监陈磊：
钻研创新研发 走『专精特新』路

《深圳商报》记者 袁静娴

走进旭宇光电（深圳）股份有限公司（以下简称"旭宇光电"）的产品展示室，一组特别打造的展示柜里，分别放着橙子、苹果、葡萄等样品，每一个样品都设置了一组参照物，分别是蓝光全光谱和常规产品。肉眼看上去，蓝光全光谱灯照射下的样品，颜色更接近太阳光照射，而常规产品照射下，样品则偏白或偏蓝不等。

"这是旭宇光电通过对全光谱的系列研究，最新研发的产品之一。"接受记者采访时，旭宇光电研发总监陈磊表示，公司已率先在类太阳光技术方面实现突破，开发的380~780纳米范围内可见光谱与太阳光谱能够完全重合，并应用到光传感校准中。

为解决光痛点来深圳

旭宇光电是工业和信息化部第一批专精特新"小巨人"企业之一，其关键核心技术在于光谱设计及实现。

现有白光半导体照明光谱连续性差，且高能蓝光强度过高，对人眼和生物节律有危害。此外，常规白光技术核心专利主要掌握在国外厂商手中。为解决这些痛点，2017年，旭宇光电董事长林金填于2017年引进博士后创新基地等平台，专攻新材料设计、光谱设计和实现。陈磊正是最早加入该创新基地平台的博士后之一。

"一方面，做材料研究不能仅局限于研究室，还要拓展一下自己的产品应用视野；另一方面，常规白光技术核心专利掌握在国外同行手中，我们也想解决这个'卡脖子'问题。"考虑到这两个原因，2018年，陈磊接受了旭宇光电的邀请，从北京南下深圳，换个平台继续深耕半导体发光材料及器件的研发及产业化工作。

当时，在行业整体都响应节能减排呼吁的大背景下，旭宇光电的光效器件在节能的可靠性支配技术方面，已经在行业内具备一定特色，品牌也有了一定影响力。"这时候，大家开始关注到，光不仅用来照明，还与我们的健康息息相关，越来越多人关注光健康。"注意到这一问题，陈磊带着团队成员，开始研究光健康问题。

调制新配方，解决"卡脖子"问题

如何降低蓝光，让光也变得"健康"起来？"从全光谱实现的技术角度来看，绿粉和红粉稳定性非常好，因此我们选择运用单一芯片的蓝光去激发绿粉和红粉。"陈磊解释，这也是难点，由于更换了芯片，传统的荧光材料已经无法在原来的基础上激发效果，因此必须先具备材料设计能力。同时，他们必须绕过国外已掌握的核心专利，调配出新的光配方。

随后一年多时间里，陈磊带着团队同事们边转化边运用，逐渐开发出了基于长波蓝光芯片激发的新型宽带黄粉和窄带红粉，实现低蓝光、高光效白光照明，一举突破了国际白光专利壁垒。

数据显示，我国照明用电量占全社会用电量的 10% 左右。陈磊表示，半导体发光二极管节能减碳是长期发展的方向，但光健康需求将成为白光主流。但无论是健康照明还是节能减碳目标的达成，均需要产业链上下游深度合作，助力半导体照明高质量发展。

希望更多青年投身创新领域研发

2021 年，旭宇光电凭借"全光谱 LED 光源"（专利号：ZL201811431447.9）的发明专利，获得第二十二届中国专利优秀奖，这也是照明用半导体器件封装领域唯一获奖的项目。

什么是全光谱？"全光谱就是在可见光部分中红光、绿光、蓝光的比例跟太阳光谱比较接近，显色指数接近 100 的光谱。"陈磊解释。随着技术的高速发展，大家对光源的品牌以及对人的影响更为注重，全光谱成了业界研究的热点。近两年，全光谱在 LED 通用照明领域占据主流，在市场也有着极高的渗透率，目前主要应用在教育照明、植物照明以及商业照明等领域。

陈磊说，在全光谱的评价指标方面，旭宇光电的标准界定跟通常意义上的高显色指数不一样，在选取 15 种国际照明颜色作为标准的基础上，公司还采用了色彩饱和度和色彩逼真度作为重要的考核指数。他表示，通过全光谱的一系列研究，公司最初认为显色指数（Ra）大于 95 即可，但是通过观察现在的技术发展，Ra 大于 98、99，甚至色彩逼真度和色彩饱和度的显色指数达到 100 也已成为现实。

除了调制出健康的光谱，旭宇光电所开发的高光量子效率白光和红光光源及其解决方案还能够应用于植物种植；大功率陶瓷红外技术水平也达到国内领先，并在工业检测等领域落地应用。

2021 年 1 月，在深圳市科学技术奖励大会上，33 岁的陈磊获得了2020 年度深圳市青年科技奖。"作为一名从事半导体器件研发的科技工作者，非常自豪能获得此次青年科技奖；同时，这也是一份沉甸甸的力量，激励我们不断前进。"陈磊说。旭宇光电专业从事全波段半导体器件封装研发、制造、销售和服务，是工业和信息化部第一批专精特新"小巨人"企业，他带领的团队也取得了多项研发突破。比如，在健康照明领域，早期的白光 LED 显色指数较低、光谱连续性差，旭宇光电现在的全光谱产品显色指数可以达到 97 以上，无蓝光危害，相关技术处于行业领先地位。

"希望通过这个奖项，我们可以鼓励更多的青年投身创新领域研发，帮助企业走出一条专精特新之路。"陈磊说。

深圳承启生物科技有限公司联合创始人兼首席科学家张弓：

成为中国生物技术产业新国货之光

《深圳商报》记者 刘娥

近年来，基因测序企业在新冠疫情防控中发挥了重要作用，深圳承启生物科技有限公司（以下简称"承启生物"）更是凭借自主技术为防疫贡献出别具一格的解决方案——武汉模式，迄今为止保持准确率100%，无须反复检测、全员检测，可以说是"墙里开花墙外香"。

据介绍，武汉承启医检自2019年起全面部署张弓带头研发的高稳健性核酸测序流程，这套技术流程早前就得到了学界认可。2018年，科学技术部立项国家重点研发计划"医学生命组学数据质量控制关键技术研发与应用",项目旨在建立中国精准医学的组学质控标准,其就是以承启生物研发的全技术流程为蓝本的。

当前,国内基因测序企业发展势头迅猛,却也存在"卡脖子"、同质化竞争、鱼目混珠等现象。对此,从业近 20 年的张弓利用自身过硬的专业技术,带领企业走出了一条自主创新的道路。谈及创立企业的初心,他对记者如是说:"成为中国生物技术产业新的国货之光,让中国精准医学更精准、更自主。"

超级学霸:建立翻译组学新学科

张弓原本是一名三维动画师。2008 年北京奥运会的场馆动画,有些就出自张弓之手。2003 年,传染性非典型肺炎(SARS)疫情暴发,有科学家认为 SARS 是一场生物战。这使得张弓毅然放弃了待遇优厚的动画工作,只身前往德国学习生物技术,因为他希望当中国面临未来的生物战时,能够多一份抵抗的力量,多一份生存的希望。

在德留学期间,张弓全面开启学霸模式。博士阶段,张弓发现翻译速率调控是决定蛋白质折叠的关键因素之一,对 1972 年诺贝尔化学奖理论"安芬森原则"做出了颠覆性更新。2010 年,他获得德国 Michelson-Preis 最佳博士生大奖,成为第一位获此荣誉的华人。

怀揣科研报国理想,张弓归国后加入暨南大学,成为该校最年轻的博士生导师。极具创新精神的张弓,很快就取得了学界瞩目的科研成果。2012 年,他成功开发翻译组测序技术(RNC-seq),建立了翻译组学新学科领域,是近代以来中国科学家第一次在分子生物学基础领域建立新学科,并被写入国家统编教材。

2019 年,张弓团队发表了一项震惊世界的成果:人类基因组中数千个以往被认为不能编码蛋白质的非编码基因实际上可以翻译成为蛋白质,并行使重要的生理和病理功能。人类基因组被系统性地重新注释,这给生命和疾病研究打开了一个巨大的宝库。2022 年,张弓经国际人类蛋白质组组织选举,被选为国际人类蛋白质组计划执行委员会常务委员,这是中国人在这一重大国际科学计划中目前所达到的最高职位。

投身创业：基因检测普惠民众

为了让精准测序与生物信息分析技术惠及更多人，张弓再次转身，走上创业之路。

2014年，张弓联合三个同学在深圳创办了承启生物，并担任首席科学家。成立以来，公司始终致力于为健康人提供精准的健康指导、为少年儿童发掘天赋、为病人提供精准的病因分析和用药指导。

几乎每天都有癌症病人根据基因检测的结果，选择最适合的药物来延长生命。而承启生物的产品价格仅为其他公司的几分之一。这是如何做到的？张弓告诉记者，承启生物掌握自主研发的核心技术，拥有极其强大的全流程研发能力，使检测更加精准，自然能够极大地降低成本。

至于为何要将产品价格降到如此低，张弓说："医疗行业越赚钱，说明病患的生活越痛苦。我一直希望能够不断降低大众总医疗支出，普惠民众。"

创新突破：预防国际技术垄断

张弓很早就意识到掌握核心技术的重要性。近年来，他带领团队全面开辟了一条基因测序的高度自主研发道路。

2020年6月，承启生物利用自主研发的云平台Chi-Cloud及高精度算法FANSe3，实现单机5分钟分析完成一个人全基因组数据集，再度刷新世界纪录。面对这样傲人的科研成果，张弓说，这些自主技术不仅能对行业起到很大的促进和规范作用，也能防止国际技术垄断，使中国的精准医学更精准、更自主。

相比其他基因测序企业，公司在商业模式上有哪些创新性？张弓笑言："我们和测序工厂的关系，差不多就是苹果与富士康的关系。"他说，一般的基因测序企业基本都是"来料加工"式的分析服务，同质化竞争下大家互相无底线杀价，最后都很艰难，一些大型基因测序企业甚至处于亏损状态。而公司是中国少有的以测序为主业,还能实现正现金流的几个公司之一,秘诀就在于核心技术都是自主的。

核酸检测:准确率可以做到100%

在张弓看来,防疫工作主要有两个难点:一是进口货物(包括冷链、邮件等)携带病毒,这部分病毒检测起来难度很大,需要有极为强悍的技术方能做到;二是对于部分病毒载量较低的病人或无症状感染者,传统方法不容易检出病毒。只有极为精准的检测才能避免这两个漏洞,而依靠承启生物创建的稳健性核酸测序流程可以将准确率做到100%,而无论被检测样本来自哪家机构。

他特别提到,100%的准确率尤为重要,可以杜绝假阴性情况的出现,避免由此带来的疫情传播。值得一提的是,承启生物的检测方案能够做到"完全无惧降解"。张弓说:"采样采得不好没关系,降解了也不怕,照样可以测出来。"

凭借抗疫中的突出表现,张弓多次受到武汉市、深圳市政府的表彰。此外,鉴于张弓的学术贡献,他还获得了一个崭新的身份——国际人类蛋白质组计划执行委员会常务委员,这是华人在这一领域达到的最新高度。